Os Papas da comunicação

Serviço à Pastoral da Comunicação
Coleção Pastoral da Comunicação: Teoria e Prática

A. *Série Manuais* (aplica, na prática, os conteúdos laboratoriais realizados no Sepac)
   1. Rádio: a arte de falar e ouvir (Laboratório)
   2. Jornal impresso: da forma ao discurso (Laboratório)
   3. Publicidade: a criatividade na teoria e na prática (Laboratório)
   4. Teatro em comunidade (Laboratório)
   5. Internet: a porta de entrada para a comunidade do conhecimento (Laboratório)
   6. Mídias Digitais: produção de conteúdo para a web (Laboratório)
   7. Oratória: técnicas para falar em público
   8. Espiritualidade: consciência do corpo na comunicação
   9. Vídeo: da emoção à razão (Laboratório)

B. *Série Dinamizando a comunicação* (reaviva a Pastoral da Comunicação para formar agentes comunicadores)
   1. Dia Mundial das Comunicações Sociais – Maria Alba Vega
   2. Comunicação e família – Ivonete Kurten
   3. Pastoral da Comunicação: diálogo entre fé e cultura – Joana T. Puntel e Helena Corazza
   4. Homilia: a comunicação da Palavra – Enio José Rigo
   5. Geração Net: relacionamento, espiritualidade, vida profissional – Gildásio Mendes
   6. A comunicação nas celebrações litúrgicas – Helena Corazza
   7. Homilia: espaço para comunicar esperança – Helena Corazza, Edelcio Ottaviani, Leomar Nascimento de Jesus
   8. Espiritualidade do comunicador – Helena Corazza e Joana T. Puntel

C. *Série Comunicação e cultura* (oferece suporte cultural para o aprofundamento de temas comunicacionais)
   1. Cultura midiática e Igreja: uma nova ambiência – Joana T. Puntel
   2. Comunicação eclesial: utopia e realidade – José Marques de Melo
   3. INFOtenimento: informação + entretenimento no jornalismo – Fábia Angélica Dejavite
   4. Recepção mediática e espaço público: novos olhares – Mauro Wilton de Sousa (org.)
   5. Manipulação da linguagem e linguagem da manipulação: estudando o tema a partir do filme A fuga das galinhas – Claudinei Jair Lopes
   6. Cibercultura sob o olhar dos Estudos Culturais – Rovilson Robbi Britto
   7. Fé e Cultura; desafio de um diálogo em comunicação – Celito Moro
   8. Jovens na cena metropolitana: percepções, narrativas e modos de comunicação – Silvia H. S. Borelli, Rose de Melo Rocha, Rita de Cássia Alves de Oliveira (orgs.)
   9. Comunicação: diálogo dos saberes na cultura midiática – Joana T. Puntel
   10. Igreja e sociedade: método de trabalho na comunicação – Joana T. Puntel
   11. E o verbo se fez rede: religiosidades em reconstrução no ambiente digital – Moisés Sbardelotto
   12. Os Papas da comunicação: estudo sobre as mensagens do Dia Mundial das Comunicações – Helena Corazza e Joana T. Puntel

HELENA CORAZZA
JOANA T. PUNTEL

OS PAPAS DA COMUNICAÇÃO

Estudo sobre as mensagens do
Dia Mundial das Comunicações

sepac

Dados Internacionais de Catalogação na Publicação (CIP)
(Câmara Brasileira do Livro, SP, Brasil)

> Corazza, Helena
> Os papas da comunicação : estudo sobre as mensagens do Dia Mundial das Comunicações / Helena Corazza, Joana T. Puntel. -- São Paulo : Paulinas, 2019. -- (Coleção pastoral da comunicação : teoria e prática. Série comunicação e cultura)
>
> ISBN 978-85-356-4506-4
>
> 1. Comunicação - Aspectos religiosos - Cristianismo 2. Papas - Mensagens I. Puntel, Joana T. II. Título. III. Série.
>
> 19-24625 CDD-261.52

Índice para catálogo sistemático:
1. Dia mundial das comunicações sociais : Cristianismo 261.52
Cibele Maria Dias - Bibliotecária - CRB-8/9427

Direção-geral:
Flávia Reginatto

Editora responsável:
Maria Goretti de Oliveira

Copidesque:
Ana Cecilia Mari

Coordenação de revisão:
Marina Mendonça

Revisão:
Sandra Sinzato

Gerente de produção:
Felício Calegaro Neto

Diagramação:
Claudio Tito Braghini Junior

Nenhuma parte desta obra poderá ser reproduzida ou transmitida por qualquer forma e/ou quaisquer meios (eletrônico ou mecânico, incluindo fotocópia e gravação) ou arquivada em qualquer sistema ou banco de dados sem permissão escrita da Editora. Direitos reservados.

Paulinas
Rua Dona Inácia Uchoa, 62
04110-020 – São Paulo – SP (Brasil)
Tel.: (11) 2125-3549 – Fax: (11) 2125-3548
http://www.paulinas.com.br – editora@paulinas.com.br
Telemarketing e SAC: 0800-7010081
© Pia Sociedade Filhas de São Paulo – São Paulo, 2019

Serviço à Pastoral da Comunicação (SEPAC)
Rua Dona Inácia Uchoa, 62
04110-020 – São Paulo – SP (Brasil)
Tel.: (11) 2125-3540
http://www.sepac.org.br – sepac@paulinas.com.br

Sumário

Abreviaturas dos documentos da Igreja 7

Introdução 9

Papa João XXIII
Capítulo 1 – Concílio Vaticano II – Decreto *Inter Mirifica* 15

Papa Paulo VI
Capítulo 2 – Paulo VI: meios de comunicação a serviço
da comunidade humana 29

Papa João Paulo I
Capítulo 3 – João Paulo I, "o papa do sorriso" 59

Papa João Paulo II
Capítulo 4 – João Paulo II: presença no nascente mundo
da comunicação 65

Papa Bento XVI
Capítulo 5 – Bento XVI: abertura para o mundo digital 105

Papa Francisco
Capítulo 6 – Papa Francisco: a comunicação como cultura
do encontro 139

A Igreja está a caminho "em saída" 161

Abreviaturas dos documentos da Igreja

AN – *Aetatis Novae*, sobre a nova era das comunicações, Pontifício Conselho para as Comunicações Sociais, 1992

CP – *Communio et Progressio* – Comissão Pontifícia para as Comunicações, 1971

EG – *Evangelii Gaudium*, sobre o anúncio do Evangelho no mundo atual – Papa Francisco, 2013

EN – *Evangelii Nuntiandi*, sobre a evangelização no mundo contemporâneo – Paulo VI, 1975

Ética nas Comunicações Socais – Pontifício Conselho para as Comunicações Sociais, 2000

Ética na Internet – Pontifício Conselho para as Comunicações Sociais, 2002

Ética na Publicidade – Pontifício Conselho para as Comunicações Sociais, 1997

GS – *Gaudium et Spes* – Constituição dogmática do Concílio Vaticano II, sobre a Igreja no mundo atual, 1965

Igreja e Internet – Pontifício Conselho para as Comunicações Sociais, 2002

IM – *Inter Mirifica* – Decreto do Concílio Vaticano II, sobre os meios de comunicação social, 1963

LS – *Laudato Si'*, sobre o cuidado da casa comum – Papa Francisco, 2015

MP – *Miranda Prorsus*, sobre cinema, rádio e televisão – Pio XII, 1957

PP – *Populorum Progressio*, sobre o desenvolvimento dos povos – Paulo VI, 1967

RM – *Redemptoris Missio*, sobre a validade permanente do mandato missionário – João Paulo II, 1990

RD – *O Rápido Desenvolvimento* – Aos responsáveis pelas comunicações sociais – João Paulo II, 2005

VC – *Vigilanti Cura*, sobre o cinema – Pio XI, 1936

Introdução

A Igreja está a caminho, percorrendo os caminhos do mundo pela comunicação em cada contexto histórico, social, político, econômico, cultural. Da comunicação analógica à digital, nos contatos presenciais e a distância, em sua missão de evangelizar, ela compreende que não é possível evangelizar sem marcar presença onde as pessoas se encontram: na família, na pequena comunidade, nas metrópoles; através dos meios que o progresso oferece.

É o Concílio Ecumênico Vaticano II que marca o início desta jornada de aceitação da presença nos meios de comunicação como missão. Na apresentação do Decreto *Inter Mirifica*, aprovado em 3 de dezembro de 1963, o Papa Paulo VI assegura: "A Igreja, com este Decreto, manifesta sua capacidade de unir a vida interior à exterior, a contemplação à ação, a oração ao apostolado... Os meios de comunicação social são já inseridos como meio e documento no exercício do ministério pastoral e da missão católica no mundo".

Passando por um processo de conversão em seus métodos de evangelizar, o Concílio é um "divisor de águas" entre o antes e o depois, considerando-se que o modo de evangelizar requer novos métodos, novas linguagens e novo ardor missionário. Uma vez que, na afirmação de Paulo VI, "Evangelizar constitui, de fato, a graça e a vocação própria da Igreja, a sua mais profunda identidade. Ela existe para evangelizar" (EN, n. 14). E a pergunta é: Como evangelizar?

O Papa João Paulo II, na Carta encíclica sobre a validade permanente do mandato missionário (*Redemptoris Missio*), ilumina o caminho da Igreja com suas palavras sábias e desafiadoras: "O primeiro areópago dos tempos modernos é o mundo das comunicações, que está unificando a humanidade, transformando-a na 'aldeia global'". E discorre sobre a sua influência nos hábitos, na juventude, e complementa: "Talvez se tenha descuidado, um pouco, este areópago: deu-se preferência a outros instrumentos para o anúncio evangélico e para a formação, enquanto os *mass media* foram deixados à iniciativa de particulares ou pequenos grupos, entrando apenas, secundariamente, na programação pastoral" (RM, n. 37c).

Superando uma visão instrumental de apenas multiplicar o número de pessoas atingidas pelas audiências na mídia e tendo em conta a dimensão cultural e as linguagens, João Paulo II dá um salto de qualidade na compreensão da presença da Igreja na mídia, sobre o qual vai havendo um caminho progressivo: "O uso dos *mass media*, no entanto, não tem somente a finalidade de multiplicar o anúncio do Evangelho: trata-se de um fato muito mais profundo, porque a própria evangelização da cultura moderna depende, em grande parte, da sua influência". O papa faz uma revisão dos modos de compreender a presença na mídia, que, sem dúvida, é importante. Mas é preciso compreender esta cultura que se modifica: "Não é suficiente, portanto, usá-los para difundir a mensagem cristã e o Magistério da Igreja, mas é preciso integrar a mensagem nesta 'nova cultura', criada pelas modernas comunicações" (RM, n. 37c).

Realizar esse percurso é o propósito desta obra que trabalha o pensamento do Magistério da Igreja sobre comunicação, a partir das mensagens enviadas pelos pontífices para o Dia Mundial das Comunicações Sociais, de 1967, iniciando por Paulo VI, até chegar a 2019, com o Papa Francisco. Em cada ano, na Solenidade da Ascensão do Senhor, o papa envia uma mensagem sobre um tema que julga atual, sempre articulado com o contexto do mundo, prioridades da Igreja, para que, de forma integrada, haja uma reflexão e apropriação dos conteúdos para o crescimento da comunidade e a presença profética e evangelizadora na sociedade.

O percurso que os pontífices fazem com suas mensagens visibiliza temáticas e problemas que o mundo vive diante das mudanças culturais, sociais, políticas, econômicas, colocando em evidência os direitos e os deveres do cristão diante dos meios de comunicação, da paz do mundo, da liberdade religiosa, da necessidade da formação crítica diante das influências da mídia na família, nas crianças e nos jovens.

Em cada contexto cultural, a Igreja vai falando de forma a chegar ao coração. Na era digital, o Papa Bento XVI dedica cinco mensagens, num caminho progressivo de reflexão e envolvimento, pedindo que se povoe o "continente digital", com diálogo, respeito, amizade e presença cristã. A mídia digital tem sua linguagem própria e também suas armadilhas, por isso, é preciso entrar nessa cultura e saber "escutar a rede", dialogar com os internautas, tendo em mente os grandes monopólios de empresas que detêm o controle dessas mídias. Daí a necessidade da formação a partir da família e, também, de todas as lideranças da Igreja, para compreender as mudanças culturais que incidem na percepção da fé dos fiéis: crianças, jovens e também adultos.

Entrar na cultura é fundamental para que a Igreja possa continuar dialogando com os interlocutores. Mas hoje a exigência é de que os conteúdos sejam concretos, encarnados, ou seja, que a pessoa seja comunicação e cultive a proximidade, o diálogo. A fé precisa ser proposta, e não imposta. É necessário encantar novamente as pessoas com narrativas que cheguem a seu coração, servir-se de uma linguagem em que elas possam visualizar os conteúdos abstratos. Isso é algo que se observa no magistério do Papa Francisco. Ele trabalha a comunicação no sentido integral, partindo do ser humano da comunicação enquanto relacionamento e processo que tudo interliga. A comunicação do cotidiano inclui momentos presenciais e a distância, sempre tendo em conta o ser humano como sujeito do processo, uma temática recorrente nas mensagens dos pontífices.

E fica sempre a pergunta: Como servir-se dos métodos e linguagens, como buscar a autossustentação das programações pela mídia, sem entrar na lógica do mercado, também do mercado religioso, predominante na sociedade contemporânea? A Igreja é clara em suas mensagens, quando afirma os princípios que não mudam, como os princípios éticos, a dignidade humana, os valores; outros aspectos culturais podem mudar sem prejuízo do essencial, chamando sempre para uma escolha pessoal.

O Papa Francisco, em sua mensagem de 2016, é enfático em dizer que "não é a tecnologia que determina se a comunicação é autêntica ou não, mas o coração do homem e sua capacidade de fazer bom uso dos meios ao seu dispor". Referindo-se às redes sociais, ele diz que elas "são capazes de favorecer as relações e promover o bem da sociedade, mas podem também levar a uma maior polarização e divisão entre as pessoas ou grupos". E completa dizendo que: "o ambiente digital é uma praça, um lugar de encontro, onde é possível acariciar ou ferir, realizar uma discussão proveitosa ou um linchamento moral".

O objetivo desta publicação é, pois, contribuir para que sejam aprofundados, numa visão integrada, os mais de cinquenta anos em que a Igreja celebra o Dia Mundial das Comunicações. Que as comunidades possam crescer na reflexão, oração e práticas pastorais, em favor de uma comunicação que seja o fio condutor das pastorais no relacionamento entre as pessoas e no testemunho pelas mídias, aprimorando o modo de comunicar, "na certeza de que é possível enxergar e iluminar a Boa Notícia presente na realidade de cada história e no rosto de cada pessoa", deixando-nos conduzir pelo Espírito de Deus, conforme assegura o Papa Francisco.

Papa João XXIII
Angelo Giuseppe Roncalli
(28.10.1958–3.6.1963)

João XXIII foi o papa que seguiu a inspiração do Espírito de abrir as portas da Igreja para uma evangelização em diálogo com o mundo moderno, o diálogo entre fé e cultura.

CAPÍTULO 1
Concílio Vaticano II
Decreto *Inter Mirifica*

Longe de conceber uma visão unilateral ou desenvolver interpretação "pretensiosa", pode-se considerar o Decreto *Inter Mirifica* como "a" grande conquista do Concílio Vaticano II. Refletindo sobre a temática dos documentos do Vaticano II, era óbvio que a Igreja iria tratar de temas como, por exemplo, a sua própria identidade (*Lumen Gentium*); sua atuação no mundo (*Gaudium et Spes*); sobre o culto, a liturgia (*Sacrosanctum Concilium*); sobre a Palavra de Deus (*Dei Verbum*).

A conquista diferencial se iniciava com a introdução da temática da comunicação na pauta de um Concílio, seja pela participação na Comissão que preparou o documento, seja na perspicácia de quem percebeu uma Igreja não dialogante ainda com o mundo da comunicação. Daí o incentivo para o início de uma reflexão mais apurada, a criação de estratégias e mecanismos para que a comunicação fosse pensada, refletida e incluída na evangelização, a ponto de se dizer que:

> A Igreja viria a sentir-se culpável diante do seu Senhor, se ela não lançasse mão destes meios potentes que a inteligência humana torna cada dia mais aperfeiçoados. É servindo-se deles que ela "proclama sobre os telhados" (n. 72) a mensagem de que é depositária. Neles encontra uma versão moderna e eficaz do púlpito. Graças a eles consegue falar às multidões (EN, n. 45).

Destacam-se, como diferencial, personagens de talento e pessoas inundadas do Espírito, como o Papa São João XXIII, o jesuíta Padre Enrico Baragli, Monsenhor Deskur,[1] o Papa São Paulo VI.

---

[1] Andrzej Maria Deskur foi secretário do Pontifício Conselho para as Comunicações, no Vaticano.

Inter Mirifica: um divisor de águas

O sentido de conquista pode evocar não somente esforço para obter algo. Aqui, ele traz implícita uma conquista impregnada até de "batalha", para que se conquistasse algo. Assim aconteceu com o documento *Inter Mirifica*. Foi um divisor de águas. Isto se levarmos em conta a trajetória anterior ao Concílio na relação Igreja-comunicação, em que os meios de comunicação, em geral, eram vistos com certa desconfiança. A história revela posicionamentos até contra a liberdade de expressão, índice dos livros proibidos etc.

O Decreto *Inter Mirifica* é o segundo dos 16 documentos publicados pelo Vaticano II. Aprovado em 4 de dezembro de 1963, assinala a primeira vez em que um Concílio geral da Igreja se volta para a questão da comunicação. Enquanto os documentos conciliares tratavam de "*aggionarsi*", rever os temas e princípios – embora estes fossem fundamentais para a Igreja –, o *Inter Mirifica* tinha como destaque a admissão da comunicação. Foi uma novidade na pauta conciliar. Pela primeira vez, um documento universal da Igreja assegura a *obrigação* e o *direito* de ela utilizar os instrumentos de comunicação social. Além disso, o *Inter Mirifica* apresenta a primeira orientação geral da Igreja para o clero e para os leigos sobre o emprego dos meios de comunicação social. Havia a partir daí uma posição oficial da Igreja sobre o assunto.

A história que envolve o Decreto *Inter Mirifica*, como "batalha" e conquista, é revelada por um dos membros da Comissão preparatória do documento, Enrico Baragli,[2] que testemunha e descreve como o tema *comunicação* se posicionava naquele período histórico da Igreja e qual era a sua compreensão sobre o assunto. Necessário observar que o Decreto *Inter Mirifica* foi preparado antes da primeira sessão do Vaticano II, pelo Secretariado Preparatório para a Imprensa e Espetáculos (novembro de 1960 a maio de 1962), tendo o seu esboço aprovado pela Comissão Preparatória Central do Concílio. Já, em novembro de 1962, o documento foi debatido na primeira sessão do Concílio e o esquema aprovado, mas considerado muito vasto. Houve uma drástica redução do texto, permeada por profundas conotações, que deixam margem para variadas conclusões. O texto de 114 artigos foi reduzido para 24 artigos e submetido novamente à assembleia, um ano depois (novembro

---

[2] Enrico Baragli, sacerdote jesuíta. *L'Inter Mirifica* (Studio Romano della Comunicazione Sociale, Roma, 1969), p. 144ss.

de 1963). A apuração dos votos registrou 1.598 a favor e 503 contra. Demonstrando, com isto, não haver um simples "ganho folgado", mas que o *Inter Mirifica* fora o documento do Vaticano II aprovado com o maior número de votos contrários.[3]

Poder-se-ia perguntar "a que se deve o alto nível de oposição ao Decreto"?

Segundo o estudioso Baragli, o fato é atribuído à publicação simultânea de várias críticas ao documento, feitas por jornalistas, algumas vezes teólogos, em diversos jornais influentes da Europa e dos Estados Unidos. Destacam-se três correntes de crítica: uma francesa, outra americana e uma terceira alemã. A francesa se opunha ao esquema do Decreto, alegando, em diferentes versões, que o esquema carecia de conteúdo teológico, de profundidade filosófica e de fundamento sociológico.[4] Naturalmente que, sempre que se perde de vista a interdisciplinaridade da comunicação, a tentação é compreendê-la ou reduzi-la de acordo com esta ou aquela disciplina. Também atualmente se poderia aprofundar muito o diálogo entre comunicação e teologia, se trilharmos caminhos desprovidos de reduções e preconceitos.

A segunda corrente, a americana, afirmava que o documento não haveria de trazer mudanças significativas, uma vez que o texto "não continha posições inovadoras". Dizia-se que o documento proclamava oficialmente "um conjunto de pontos previamente afirmados e pensados em nível mais informal".[5] A surpresa dos jornalistas americanos residia também e, especialmente, no artigo 12 do decreto, que trata da liberdade de imprensa.[6] Decididos a fazer com que o documento não fosse aprovado, os jornalistas americanos elaboraram um folheto mimeografado, no qual o esquema era julgado vago e trivial, falando de uma imprensa inexistente, vista apenas como uma exortação pastoral. Chegaram a alertar que o decreto, "assim como está agora", demonstrava à posteridade a incapacidade de o Vaticano II enfrentar os problemas do mundo atual.[7]

---

[3] Ibid. Baragli foi um dos membros da Comissão Preparatória desse documento. Ver também: T. PUNTEL, Joana. *Inter Mirifica – texto e comentário*. São Paulo: Paulinas, 2012.

[4] Ibid., p. 144.

[5] Ibid.

[6] Para maiores informações sobre a presente questão, pode-se consultar a tese de doutorado de Joana T. Puntel, *A Igreja e a democratização da comunicação*.

[7] Mensagem dos jornalistas americanos distribuída na Praça São Pedro, em 16 de novembro de 1963, citada em: BARAGLI, op. cit., p. 168.

A oposição alemã, assinada por 97 padres de diferentes regiões, manifestou-se mediante uma carta dirigida à 10ª Comissão Conciliar, responsável pela redação do documento, propondo um novo estudo e um novo esquema. O grupo alemão também lançou uma circular, que foi distribuída na Praça São Pedro momentos antes da sessão conciliar. A circular se caracterizava pelo pedido aos bispos de optar pelo *non placet* (não satisfaz), porque o esquema era indigno de figurar entre os decretos conciliares, pois não refletia os anseios do povo e dos entendidos no assunto.

A manifestação pública dos jornalistas franceses, americanos e alemães teve forte influência sobre os bispos participantes do Vaticano II. Como mencionamos previamente, o *Inter Mirifica* foi aprovado com o maior número de votos *"non placet"* dado a um documento do Vaticano II. Um avanço, porém, foi constatado: ainda que o texto original do *Inter Mirifica* tenha sido bastante reduzido, o documento foi mais positivo e mais matizado do que os demais documentos pré-conciliares.

Já na *Introdução* o documento celebra, pela primeira vez, a aceitação "oficial" da comunicação por parte da Igreja, denominada, ainda, como "instrumentos de comunicação", entendida como uma "legitimação" para o uso dos meios pela Igreja. Somente este fato corresponde ao valor imprescindível do Decreto, pois este se apresenta como uma espécie de "divisor de águas", se levarmos em conta a trajetória anterior da relação Igreja-comunicação, desenvolvida em diferentes épocas e, praticamente, sem diálogo com a cultura em muitas áreas, como a da comunicação (naturalmente houve algumas iniciativas esporádicas, como o Jornal *L'Osservatore Romano*, a fundação da Rádio Vaticana etc.). O documento refere-se aos instrumentos de comunicação, como imprensa, rádio, televisão, cinema e outros meios semelhantes, que também podem ser propriamente classificados como meios de comunicação social. Ao enumerar esses meios, no entanto, o Decreto refere-se ao que fora comumente classificado como meio de comunicação de massa até aquela data. Nenhuma atenção é dada, no documento, às forças que articulam os meios de comunicação: por exemplo, anúncios, marketing, relações públicas e propaganda.

A Introdução do documento usa a *terminologia* "comunicação social", preferindo-a a *"mass media"* ou "comunicação de massa". Tal preferência baseou-se no fato de que o Decreto queria referir-se a todas as tecnologias de comunicação; mas também usou um conceito de tecnologia que não se ativesse apenas às técnicas ou à difusão destas, mas que incluía os atos humanos decorrentes, que são, no fundo, a principal preocupação da Igreja em seu trabalho pastoral. A comunicação não pode reduzir-se a simples instrumentos técnicos de transmissão, mas deve ser considerada um processo de relacionalidade entre as pessoas. Tal intenção foi, sem dúvida, importante, mas, ao longo de sua história, e, ainda hoje, a Igreja continua, em grande parte, "presa" ao discurso dos instrumentos, à utilização das técnicas, enquanto o discurso da comunicação já se tornou mais amplo e complexo, incluindo uma gama de variedades e interferências na cultura midiática atual.

Na análise detalhada de Enrico Baragli (*L'Inter Mirifica*, p. 308), no n. 2, os padres conciliares reconhecem a ambivalência cultural, social e moral dos meios de comunicação social. E dois dados de fato estavam presentes nas mentes dos participantes do Vaticano II: "primeiro, que se trata de realidades muito complexas; segundo, que as mesmas implicam comportamentos humanos e sociais a respeito do que, mesmo fora do âmbito conciliar, é difícil qualquer juízo apriorístico e definitivo, sobretudo quando os fenômenos estão ainda na fase inicial e, portanto, explosiva".

Capítulo 1: Direito natural de a Igreja usar os meios de comunicação

O Capítulo 1 inicia com uma afirmação importante: o direito natural que a Igreja tem de usar os meios e de ensinar a sua reta utilização. Nesse caso, a Igreja se coloca com o direito radical de, como qualquer outra organização social, possuir e usar tais meios, como úteis à educação cristã, cabendo aos pastores a orientação para o uso adequado dos mesmos. Muitos críticos tomaram tal afirmação como um material para longa polêmica. Questionaram que um documento conciliar sobre tema tão relevante iniciasse seu desenvolvimento com a firmação de um "direito de posse", antes mesmo de reafirmar a missão humana e universal desses meios. Entretanto, o estudioso Baragli, que esteve envolvido profundamente na Comissão e na análise do Decreto, recorda que a primeira parte do documento, dedicado às premissas, foi o único espaço utilizado para afirmar uma doutrina segura e tradicionalmente aceita; Baragli lembra ainda que o que realmente se queria ter como certo não era tanto o "direito de possuir ou não", mas a originalidade desse direito (natural, *"nativum"*). Leve-se em conta que tal direito era desrespeitado em muitos países, especialmente os de regime político totalitário.

O capítulo menciona especialmente os leigos, como membros da Igreja, para animar os meios de comunicação com espírito cristão. Assim, a Igreja deixa entrever o papel do leigo, inserido na Igreja. E ressalta que o uso dos meios de comunicação deve adequar-se à ordem dos valores humanos. É por isso que o documento se preocupa com o aspecto ético nas comunicações e encontra-se, no primeiro capítulo, podemos dizer, uma "coleção de deveres" apontados pela Igreja; deveres esses recomendados pela Igreja.

Entretanto, a maior contribuição do *Inter Mirifica*, em nossa opinião, foi sua assertiva sobre o *direito de informação*, no n. 5 do documento, quando diz: "É intrínseco à sociedade humana o direito à informação sobre aqueles assuntos que interessam aos homens e às mulheres, quer tomados individualmente, quer reunidos em sociedade, conforme as condições de cada um" (IM, n. 5). Considerado, provavelmente, como a mais importante declaração do documento, esse trecho demonstra que o direito à informação foi visto pela Igreja não como um objeto de interesses comerciais, mas como um bem social.

O artigo n. 4 do *Inter Mirifica* detém-se no "*corpus morale*" do agir comunicacional, falando sobre o "reto" uso dos meios da comunicação, destacando que é preciso respeitar objetivamente a natureza dos veículos no plano geral dos valores humanos. Na verdade, a comunicação deve adequar-se à ordem dos valores, antes que à existência concreta das coisas. Segundo o *Inter Mirifica*, seria falso preferir adaptar o conteúdo da comunicação ao mundo tal qual é, que ao mundo como deveria ser, isto é, o universo dos valores.

O primeiro capítulo do *Inter Mirifica* também aborda temas como a opinião pública, já considerada anteriormente pelo Papa Pio XII. E dirige-se ao público em geral, não apenas ao que está ativamente envolvido com os meios de comunicação, mas também ao receptor das mensagens. Lembrando que "a opinião pública goza hoje de um peso e de uma autoridade extraordinários em todos os setores da vida humana, tanto pública como privada" (8), o comentário de Baragli deixa claro que os padres conciliares não aceitavam a tese que defende a "opinião pública" como fato social homogêneo, compacto, despótico e responsável único dos fenômenos que se verificam na sociedade (p. 358). E, assim, o artigo 8, ao reconhecer que os meios de comunicação influenciam seus usuários, recomenda aos católicos que, com o recurso dos mesmos meios, se desenvolva a formação e manifestação de uma reta opinião pública.

O conteúdo dos n. 9-12 é uma "coleção" de deveres apontados pela Igreja, que encerra muitas e variadas recomendações; pois, é preciso lembrar que esse documento é um decreto e que, como já mencionamos, passou por várias discussões e transformações, demonstrando também o "despreparo" da Igreja a respeito da comunicação e, portanto, o seu tom mais de vigilância e "moralismo" do que de pastoral.

Servindo-se e ampliando explicitações já contidas na *Miranda Prorsus*, os padres conciliares se referem aos receptores (artigos 9 e 10), passam aos deveres dos promotores (11) e terminam a primeira parte do Decreto com os deveres das autoridades públicas (12).

Grande peso é colocado, no artigo 11, sobre os "promotores" da comunicação ("jornalistas, escritores, autores, produtores, realizadores, exibidores, distribuidores, diretores e vendedores, críticos e, além destes, a todos quantos intervêm na realização e difusão das comunicações"), "já que podem encaminhar, reta ou torpemente, o gênero humano, informando e incitando", diz o documento. O texto deixa a desejar (o que mais uma vez comprova a falta de "contexto social" da Igreja em relação à comunicação), quando atribui a todas as categorias mencionadas igual responsabilidade no processo comunicativo. Um forte reducionismo, que explica novamente o "não entendimento" sobre a comunicação por parte dos padres conciliares, no caso, sobre a complexidade do processo industrial, em suas vertentes local, nacional e transnacional, responsável, no mundo moderno, pela circulação de bens simbólicos. Existe a primazia de deveres morais a serem cumpridos por todos e cada um dos profissionais, aos quais "compete-lhes satisfazer as exigências econômicas, políticas e artísticas, de modo a favorecer e nunca prejudicar o bem comum".

O artigo 12 do *Inter Mirifica* foi um dos mais polêmicos: analisa o dever da autoridade civil de defender e tutelar uma verdadeira e justa liberdade de informação. Este artigo, como mencionamos previamente, foi interpretado, especialmente por alguns jornalistas americanos, como sendo contra a liberdade de imprensa. Realmente, o *Inter Mirifica* justifica a intervenção oficial da autoridade, a fim de proteger a juventude contra "a imprensa e os espetáculos nocivos à sua idade" (IM, n. 12).

Por outro lado, o artigo 12 não é bem claro, mesmo em sua língua original (latim), pois fala da *civilis auctoritas* (autoridade civil) em um lugar, e, mais além, da *publica potestas* (poder público). O Decreto usa ambos os termos com o mesmo sentido, mas a tradução, em diversas línguas, acabou por reduzi-los a "sociedade civil". No entanto, atribuir direitos e deveres à sociedade civil não é a mesma coisa que atribuí-los às autoridades públicas, aos governos. Fica patente, neste artigo 12, que a Igreja deveria ter feito mais pesquisas sobre o assunto e ter contado com a assessoria de peritos nessa área, mesmo católicos, de modo a oferecer soluções mais adequadas à proposta de *aggiornamento*.

Ainda nesse contexto, explica Baragli (op. cit., pp. 393-394, nota 8), referindo-se à atitude de Monsenhor Deskur, que acompanhou de perto a redação e aprovação do decreto, Deskur atribuiu as recomendações à preocupação da Igreja com o desamparo em que se encontra "o mundo dos receptores" diante do "mundo da informação e do espetáculo" transformado em feudo de alguns poucos, bem como à preocupação com a própria autoridade civil, cuja tendência oscila entre dois extremos perigosos: de um monopólio estatal e opressor da liberdade a um liberalismo que fecha os olhos aos mais graves abusos (é preciso lembrar que o Decreto é um documento universal e, portanto, leva em conta também as nações com governos totalitários). Segundo Deskur, a Igreja propõe um quadro razoável de equilíbrio entre as forças e os interesses em campo, na esperança de prevenir dramas sociais mais graves.

Capítulo 2: Os meios de comunicação social e o apostolado

É o ponto de partida do Capítulo 2. Sem acrescentar inovações em relação às recomendações de documentos romanos anteriores, volta-se para a ação pastoral, incentivando todos os católicos a que promovam (art. 14) e sustentem (art. 17) a boa imprensa, produzam e exibam excelentes filmes; deem eficaz ajuda à boa transmissão de rádio e televisão. Para alcançar tal objetivo, é preciso formar os autores, atores e críticos (art. 15), bem como os usuários (art. 16).

Quanto à questão da formação, é oportuno recordar que, a seu modo, segundo a pedagogia das diversas épocas, a Igreja tem sempre insistido na formação dos receptores e, mais adiante, dos comunicadores. Pode-se dizer que há uma progressiva insistência da Igreja desde a encíclica sobre o cinema *Vigilanti Cura* (Pio XI – 1936). Ela tem se preocupado com o receptor – mesmo mediante o incentivo para que se criassem, em todos os países, órgãos nacionais que se ocupassem da "boa indicação" de filmes para os telespectadores. Assim também, em 1957, a *Miranda Prorsus*, do Papa Pio XII, demonstra preocupação na formação do telespectador e incentiva à criação de organismos nacionais que se ocupem com a educação dos receptores.

É no Decreto *Inter Mirifica* (1963) que a Igreja se torna mais explícita a respeito da formação, agora com uma diferença – a de que os sacerdotes e leigos não somente cuidem dos receptores, mas se preparem para o mundo da comunicação. E diz textualmente que:

> Tudo isso requer pessoal especializado no uso desses meios para o apostolado. É indispensável pensar em formar, desde cedo, sacerdotes, religiosos e leigos que desempenhem tais tarefas. É preciso começar por preparar os leigos do ponto de vista doutrinário, moral e técnico, multiplicando escolas, institutos e faculdades de comunicação... (n. 15).

A insistência da Igreja, em termos de documentos, sobre a formação para a comunicação cresce no incentivo e se torna mais explícita, demonstrando a preocupação por uma ação pastoral sempre mais inculturada na evolução tecnológica da sociedade. Os n. 107-108 da Instrução pastoral *Communio et Progressio* (1971) explicitam a preocupação da Igreja e avançam em relação ao *Inter Mirifica*, na sua exposição:

> A Igreja considera hoje como uma das tarefas mais importantes prover a que os leitores ou espectadores recebam uma formação segundo os princípios cristãos, o que também é um serviço à comunicação social. O "receptor" bem formado será capaz de participar no diálogo promovido pelos meios de comunicação e saberá ser exigente quanto à informação. As escolas e organizações católicas não podem esquecer o dever que têm neste campo, especialmente o de ensinar os jovens, não só a comportar-se como verdadeiros cristãos, quando leitores, ouvintes ou espectadores, mas também a saber utilizar as possibilidades de expressão desta "linguagem-total" que os meios de comunicação põem ao seu alcance. Sendo assim, os jovens serão verdadeiros cidadãos desta era das comunicações sociais, de que nós conhecemos apenas o início.
> Toda a problemática dos meios de comunicação deve estar presente nas diversas disciplinas teológicas e, dum modo especial, na moral, pastoral e catequética.

Dia Mundial das Comunicações

O n. 18 do *Inter Mirifica* incentiva a criação de um Dia Mundial das Comunicações para a instrução do povo, no que tange à reflexão, discussão, oração e aos deveres em relação às questões de comunicação. É sempre importante mencionar a origem e trajetória do Dia Mundial das Comunicações, celebrado no domingo da Ascensão, a fim de que se crie uma cultura sobre a profundidade de um "mandato" da Igreja, que passa despercebido, inclusive, por vários setores da instituição.

Trata-se de algo solicitado pelo Concílio Vaticano II, no *Inter Mirifica*, quando a Igreja, levando em consideração as profundas transformações da sociedade e os avanços na área tecnológica em todos os setores, percebeu, também, o seu "despreparo" nesse campo. Assim, ela entendeu que, a respeito da comunicação, não bastava apenas a profissionalização e competência técnica no uso dos meios, mas compreender a evolução da comunicação, nas suas mais diferentes expressões, como linguagem, cultura e, sobretudo, como elemento articulador da sociedade.

Justamente para reforçar o variado apostolado da Igreja por intermédio dos meios de comunicação social, diz o *Inter Mirifica* (n. 18): "celebre-se anualmente, nas dioceses do mundo inteiro, um dia dedicado a ensinar aos fiéis seus deveres no que diz respeito aos meios de comunicação, a orar pela causa e a recolher fundos para as iniciativas da Igreja nesse setor, segundo as necessidades do mundo católico".

Portanto, com a finalidade de levar adiante a atenção-ação nesse importante setor da comunicação, e lembrando o "mandato" do Vaticano II (n. 19), o Papa Paulo VI cria, em 1964, através do documento *In Fructibus Multis*, a Pontifícia Comissão para as Comunicações Sociais, com a finalidade de coordenar e estimular a realização das propostas dos padres conciliares. A fim de colocar em prática as recomendações já mencionadas, a Pontifícia Comissão, após receber o parecer de presidentes de Comissões Episcopais, em 1964 e 1965, sobre como aplicar o que foi estabelecido no n. 18 do *Inter Mirifica*, criou o Dia Mundial das Comunicações Sociais (em 1966), com a aprovação do Sumo Pontífice. E no dia 7 de maio de 1967 celebrou-se *pela primeira vez*, no mundo inteiro, o Dia Mundial das Comunicações Sociais (celebrado sempre no domingo da Ascensão). Fica, então, esclarecido que o "mandato" para celebrar anualmente um dia dedicado às comunicações sociais (com seus objetivos), já mencionado anteriormente, é do Concílio Vaticano II (*Inter Mirifica*, n. 18), mas a criação do Dia Mundial aconteceu em 1966 e a sua primeira celebração deu-se em 1967.

O *Inter Mirifica* volta-se, também, nos artigos 19-21, para a ação pastoral da Igreja em relação à comunicação e, na concepção da época, aos instrumentos de comunicação social. Tanto o clero quanto o laicato foram convidados a empregar os instrumentos de comunicação no trabalho pastoral. Enumeram-se, então, diretrizes gerais, referentes à educação católica, à imprensa católica e à *criação de secretariados diocesanos*, nacionais e internacionais, de comunicação social, ligados à Igreja (n. 22).

O documento encerra com uma determinação que estabelece a elaboração de uma nova orientação pastoral sobre comunicação, "com a colaboração de peritos de várias nações", sob a coordenação de um secretariado especial da Santa Sé para a comunicação social (IM, n. 23). Criou-se, assim, por Paulo VI, em 1964, uma comissão mundial, que, de secretariado, passou a chamar-se *Pontifício Conselho para as Comunicações Sociais*[8] (que é permanente no Vaticano), já mencionado nesta conjuntura. Nasceu, assim, a Instrução pastoral *Communio et Progressio* (8 anos depois), em 1971.

Importante notar que, durante os anos que mediaram *Inter Mirifica* e *Communio et Progressio*, Soares aponta, em sua tese de doutorado, que o Decreto conciliar foi objeto de severas críticas, tendo sido usadas contra o texto oficial expressões como "clericalista", "inócuo", "inútil", "medíocre", "moralista", "natimorto", entre outras. Lamentou-se, em mais de uma ocasião, a completa ausência de leigos e especialistas em comunicação nas reuniões das comissões preparatórias. Foi permitido apenas a presença de cardeais, bispos e eclesiásticos insignes. O próprio Baragli reconheceu a escassa formação dos eclesiásticos no campo da comunicação ou sua formação apenas setorial (*L'Inter Mirifica*, p. 195-196), enquanto outras comissões do Concílio chegavam a convocar especialistas, mesmo fora do catolicismo, para auxiliá-las. Assim, a comissão que preparou o esquema nunca ouviu ninguém que não fosse padre ou bispo (SOARES, p. 104).

Avanços

Entretanto, apesar da brevidade do documento conciliar, é preciso e justo ressaltar alguns avanços:

– primeiramente, trata-se de um documento do Concílio Vaticano II. Assim, na consideração de Soares, podemos dizer que o tema da comunicação ganhou cidadania e independência na Igreja. O fato tem relevância e passa a ser importante, levando-se em consideração que os

---

[8] A Pontifícia Comissão para as Comunicações Sociais foi instituída em 2 de abril de 1964, com a Carta apostólica "motu proprio" *In Fructibus Multis*, por Paulo VI. Funcionou como dicastério da Cúria Romana e teve suas funções absorvidas pela Secretaria para a Comunicação, em março de 2016.

padres presentes no Concílio estavam (por questão de formação ou de prática pastoral) preocupados com outros temas, julgados controvertidos ou essenciais ao *aggiornamento* desejado por João XXIII. A prática hodierna demonstra que, infelizmente, persiste tal atitude em muitas situações, a ponto de João Paulo II dizer, na *Redemptoris Missio* (37c), que o tema comunicação é julgado apenas secundariamente no planejamento pastoral. Entretanto, o *Inter Mirifica* pode ser considerado um divisor de águas no universo dos discursos da Igreja sobre o tema comunicação.

– A Igreja reconheceu o direito à informação, no art. 5.

– Houve o reconhecimento também do dever de todos de contribuir para a formação das retas opiniões públicas, no art. 8.

– Diante do conteúdo duvidoso, deu-se preferência à escolha livre e pessoal, em vez da censura proibitiva, no art. 9.

– Incluiu-se na prática pastoral o dever da formação pessoal do receptor (art. 9), com a consequente indicação das formas para consegui-la (art. 16). Tal recomendação abriu caminho para a ênfase de documentos posteriores sobre a comunicação incentivarem a necessidade de formação para a comunicação, ultrapassando o reducionismo do uso dos meios, isto é, levando em consideração a cultura, o diálogo entre a fé e a cultura, com novos paradigmas, novos processos comunicativos na sociedade contemporânea. E, sobre isso, os documentos são claros, mas a prática se encontra bastante defasada. Conclui-se a falta de conhecimento, estudo e reflexão sobre os documentos da Igreja, no que tange à comunicação.

– A formação da reta consciência, incluída no art. 9, substituiu a cega obediência exigida nos documentos do passado.

– O incentivo para estabelecer um dia anual para o estudo, a reflexão, análise, ação e oração no que concerne à comunicação (art. 18). É a primeira vez que um concílio atua dessa forma. E o Papa Paulo VI foi o primeiro a colocar em prática tal incentivo, iniciando por escrever a mensagem para o Dia Mundial das Comunicações. Iniciativa que foi continuada por João Paulo II e, atualmente, por Bento XVI, demonstrando, através de seus conteúdos, uma grande atualização do Magistério, no mundo das comunicações, e qual deveria ser o comportamento cristão.

– O pedido para que se criasse um secretariado na Santa Sé, especializado na questão da comunicação, pode ser, também, considerado "avanço", pois é de grande auxílio para o desenvolvimento do entender da Igreja sobre a comunicação, especialmente, nestes últimos tempos, a cultura digital.

Papa Paulo VI
Giovanni Battista Montini
(30.6.1963–6.8.1978)

"Evangelizar constitui, de fato, a graça e a vocação própria da Igreja, a sua mais profunda identidade. Ela existe para evangelizar" (Paulo VI, EN, n. 14).

Capítulo 2
Paulo VI: meios de comunicação a serviço da comunidade humana

O Papa Paulo VI[1] assumiu a segunda fase do Concílio Ecumênico Vaticano II (1962-1965), que deu continuidade aos trabalhos conciliares e iniciou a aprovação dos documentos, sendo os primeiros, em 3 de dezembro de 1963, o Decreto *Inter Mirifica*, sobre os meios de comunicação social, e a Constituição dogmática sobre a Sagrada Liturgia, *Sacrosanctum Concilium*. No espírito do Concílio, o diálogo com o mundo contemporâneo foi um eixo que perpassou a preocupação pastoral dos padres conciliares, desde o anúncio feito pelo Papa João XXIII. A Constituição dogmática sobre o mundo contemporâneo, *Gaudium et Spes* (GS – Alegrias e esperanças), pode-se dizer que foi como uma bússola, um eixo transversal de todo o trabalho conciliar com palavras que marcam o ontem e o hoje da Igreja:

> As alegrias e as esperanças, as tristezas e as angústias dos homens de hoje, sobretudo dos pobres e de todos aqueles que sofrem, são também as alegrias e as esperanças, as tristezas e as angústias dos discípulos de Cristo; e não há realidade alguma verdadeiramente humana que não encontre eco no seu coração (GS, n. 1).

Coube a Paulo VI iniciar a celebração do Dia Mundial das Comunicações Sociais, recomendado no Decreto *Inter Mirifica* (n. 18), sendo sua primeira mensagem em 1967 e a última, em 1978,[2] somando-se 12

---

[1] O início do pontificado de Paulo VI ocorre em 30 de junho de 1963 e o final em 6 de agosto de 1978, com sua morte. Paulo VI foi canonizado no dia 26 de outubro de 2018 pelo Papa Francisco.

[2] Todas as mensagens para o Dia Mundial das Comunicações Sociais aqui citadas estão no site: <vatican.va>. Os temas de cada ano, do pontificado de Paulo VI, estão no final deste capítulo, por isso, ao citar as mensagens, a indicação é do ano, no próprio texto.

mensagens que marcaram o início dessa celebração tão importante em relação à comunicação na Igreja. O fato de começar a celebrar essa data revela-se nos constantes apelos que ele faz, no sentido de despertar a consciência para sua importância e para que essa atitude seja assumida por todos. Na primeira mensagem, em 1967, com o tema "Os meios de comunicação social", o pontífice expressou este desejo: "*exortamos* os nossos filhos a uma ação generosa, em união de orações e de iniciativas com os seus pastores e com todos os que quiserem dar a sua desejada colaboração". E recomendou que, com a ajuda da graça divina e a intercessão da Virgem santíssima, "possam ser alcançados os frutos que a celebração do Dia Mundial faz esperar para o bem da família humana".

Em 1976, Paulo VI lembra que a celebração anual do "Dia das Comunicações Sociais" é não só o cumprimento de uma obrigação assumida durante o Concílio Vaticano II (*Inter Mirifica*, n. 18), mas uma "ocasião para lembrar a nós mesmos, ao povo de Deus e a todos os membros da família humana, as possibilidades extraordinárias e as graves responsabilidades ligadas ao uso dos *mass media* sempre mais aperfeiçoados e difundidos".

Na mensagem de 1977, o papa volta a lembrar, às dioceses da Igreja Católica, a finalidade dessa celebração recomendada pelo Concílio Ecumênico Vaticano II (*Inter Mirifica*, n. 18): ajudar com a reflexão, a oração e toda forma de interesse e apoio moral e material, a imprensa, o rádio, a televisão, o cinema e os outros modernos meios de comunicação social "no cumprimento de sua importante função de informação, de educação e, no que toca à responsabilidade específica dos cristãos, de evangelização do mundo".

Importante observar que a internet não existia nessa época e que a comunicação era analógica. Entretanto, quando ele cita os meios existentes como imprensa, cinema, rádio, televisão, acrescenta e "os outros modernos meios de comunicação", demonstrando certa abertura para incluir outros meios de comunicação que as invenções tecnológicas ofereçam a serviço do ser humano. Daí a necessidade de a Igreja estar atenta às influências no cotidiano e zelar pelo direito e dever de servir-se da comunicação mediada por tecnologias para o anúncio do Evangelho.

À luz da *Gaudium et Spes* e da Encíclica *Populorum Progressio* (PP – O progresso dos povos),[3] o Papa Paulo VI, em suas 12 mensagens,

---

[3] Carta encíclica publicada pelo Papa Paulo VI, em 26 de março de 1967, sobre a cooperação entre os povos e o problema dos países em desenvolvimento, frequentemente citada em suas mensagens para o Dia Mundial das Comunicações Sociais.

trabalha a interface da comunicação, destacando a missão e a função social, por isso, enfatiza o aspecto de que os meios de comunicação sejam usados com responsabilidade e a serviço da comunidade humana e da paz. Lembra esse sentido aos profissionais da comunicação para que os meios sejam colocados a serviço do progresso, problematizando o que se entende por progresso.

Em relação aos conteúdos, as mensagens abordam temas que dizem respeito aos próprios meios de comunicação em relação à família, à juventude, à unidade dos seres humanos, aos valores da vida, à afirmação e promoção dos valores espirituais, à evangelização no mundo contemporâneo, à reconciliação, aos direitos e deveres fundamentais do ser humano. As duas últimas mensagens tratam de publicidade, vantagens, perigos e responsabilidades, bem como do receptor com seus direitos e deveres.

O olhar com que Paulo VI trabalha as mensagens, ou dizendo de outra forma, o seu lugar de fala, é de uma sociedade moderna, que passa por grandes e rápidas transformações. Como líder da Igreja, ele manifesta sua preocupação em relação ao ser humano, às crianças, aos jovens, às famílias, aos valores humanos e espirituais que vão modificando os hábitos com a influência das tecnologias, por isso, reafirma o lugar do ser humano, preconizando, sem dúvida alguma, o que estamos presenciando na era digital.

A partir das 12 mensagens, observa-se que alguns eixos expressam o pensamento do pontífice no sentido de orientar a Igreja Católica para sua presença e testemunho, a ser "fermento" na sociedade contemporânea. Na introdução da carta *Gaudium et Spes*, Paulo VI diz: "o fenômeno dos modernos meios de comunicação social como a imprensa, o cinema, o rádio e a televisão, são uma das notas mais características da civilização moderna".

Este capítulo se organiza em quatro eixos: o lugar dos meios de comunicação na sociedade e na Igreja, a evangelização no mundo contemporâneo servindo-se da mídia, a necessidade da educação para a comunicação, os meios de comunicação diante dos direitos e deveres fundamentais do ser humano.

O lugar dos meios de comunicação na sociedade e na Igreja

As mensagens consideram que os meios de comunicação fazem parte da vida humana e do cotidiano, alterando espaço e tempo. A primeira, de 1967, revela a dimensão planetária: "A convivência humana assumiu dimensões novas: o tempo e o espaço foram superados e o homem tornou-se um cidadão do mundo, coparticipante e testemunha dos acontecimentos mais distantes e das vicissitudes de toda a humanidade".

Esses meios de comunicação indicam um caminho de progresso para os povos, para a humanidade, por ampliar os horizontes e possibilidades tanto de informação como de formação e repertório de conhecimentos não obtidos antes sem o acesso a essas mídias, possibilitando a "sintonia com a vida do universo". A mensagem de 1968, antes de o homem pisar na lua, recorda: "Muitos homens tinham, até pouco tempo, como únicos argumentos para suas reflexões, as lembranças escolares, mais ou menos longínquas, alguma tradição da família, as reações do ambiente limitado que os rodeava".

Há uma constatação também de que os meios de comunicação ocupam ou substituem espaços do relacionamento familiar, da escola, das comunidades paroquiais e de uma herança cultural transmitida pelos antepassados, bem como os ensinamentos dos mestres e dos educadores, que os meios de cultura tradicionais permitiam às gerações passadas legar como herança a seus descendentes. Hoje, surgem novas fontes do saber e novas fontes de cultura ou de informação, com uma vigorosa capacidade própria de influenciar tanto a sensibilidade quanto a inteligência, deixando para trás de si um longo eco feito de imagens e de ideias geradas pelas luzes e pelos sons (1970).

E, na primeira mensagem de 1967, Paulo VI se refere ao Concílio, e precisamente à *Gaudium et Spes*, para se perguntar se "podemos falar de uma verdadeira transformação social e cultural, que tem os seus reflexos também na vida religiosa". E afirma que, para essa transformação, contribuíram positivamente os meios de comunicação social, muitas vezes, de forma determinante, enquanto se esperam novos e surpreendentes progressos, como a próxima ligação em escala mundial das estações transmissoras da televisão, por meio dos satélites artificiais. O que revela uma preocupação com o uso e influência nos pensamentos e hábitos das pessoas, no dizer do pontífice. Quanto maiores são o poder e a ambivalente eficácia desses meios de comunicação, tanto mais atento e responsável deve ser o seu uso (1967). A eficácia, de fato, funciona tanto para construir bons valores quanto para caminhos menos edificantes e construtivos.

E o questionamento: De que progresso, estamos falando? O papa põe em questão se a imprensa, o cinema, o rádio e a televisão servem ou não ao progresso dos povos. E diz que aqui está o problema, eis a reflexão que ele propõe "aos nossos filhos católicos e a todos os homens generosos". E continua perguntando de que progresso se trata: "Do progresso econômico?", "Do progresso social?". E citando a Encíclica *Populorum Progressio*, reforça que o desenvolvimento, "para ser autêntico, deve ser integral, elevar cada homem e o homem por inteiro" (PP, n. 14). A mesma afirmação encontra-se na mensagem de 1970, quando trata do tema da comunicação e juventude. Para ele, "O verdadeiro desenvolvimento é a passagem, para cada um e para todos, de condições menos humanas para condições mais humanas"?[4] A justa preocupação de Paulo VI antevê os oligopólios de cinquenta anos depois, com empresas de procedência norte-americana como Google, Apple, Facebook, Amazon, entre outras.

Ao colocar o ser humano como referência diante do progresso, o papa reafirma com veemência o que estamos presenciando: "a exploração, por parte de uma indústria que é fim para si mesma, dos jovens e das crianças, na qualidade de consumidores fáceis que podem ser conduzidos aos caminhos do erotismo e da violência, ou pelas estradas perigosas da incerteza, da ansiedade e da angústia". Em sua mensagem, o pontífice faz um apelo extremamente atual: "É preciso que todas as pessoas honestas estejam de acordo para lançar um grito de alarme que vise pôr fim àqueles empreendimentos que devem ser chamados com o seu nome, isto é, corruptores" (1970). Quantos empreendimentos atuais não só na indústria, mas nos serviços, são fins em si mesmos e submetem o ser humano a condições sub-humanas para sobreviver!

Para além do entretenimento, Paulo VI traz a função educativa dos meios de comunicação para servir à causa dos direitos e dos deveres primordiais do homem (1976). Ele recorda que em muitos países os meios de comunicação social absorvem, com grande eficácia supletiva ou integrativa, o trabalho escolar, contribuindo para a alfabetização e para a instrução de velhas e novas gerações. No Brasil, podemos lembrar da iniciativa para a alfabetização de adultos, ainda na década de 1960, com as escolas radiofônicas, o Movimento de Educação de Base (MEB), que foram precursores dos cursos a distância nas diversas modalidades.

---

[4] PAULO VI. *Populorum Progressio*, n. 20, 1967.

Exatamente por causa dessa reconhecida capacidade, a Igreja propõe para esses meios uma meta posterior e indica a quem os usa uma tarefa bem mais nobre e urgente: servir à causa dos direitos e dos deveres primordiais do homem.

O papa reconhece a contribuição para a educação e cultura que a imprensa, o cinema, o rádio, a televisão e os outros meios de comunicação social oferecem ao incremento da cultura, à divulgação das obras de arte, à distensão dos ânimos, ao mútuo conhecimento e compreensão entre os povos, e também à difusão da mensagem evangélica (1967). Reconhece também o empenho de muitos profissionais de boa vontade que desejam ardentemente colocar a produção cultural a serviço de seus irmãos. "Pedimos a todos estes que renovem o seu esforço de transformar os meios de comunicação social em chamas ardentes e faróis potentes que iluminem o caminho para a única verdadeira felicidade" (1973).

Na mensagem de 1971, "Os meios de comunicação social a serviço da unidade dos homens", Paulo VI levanta uma questão a respeito da promoção da união e do diálogo na família humana. Afirma, apoiando-se em *Gaudium et Spes*, n. 24, que no cristão essa convicção é ainda mais bem enraizada: "Deus [...] quis que todos os homens constituam uma única família e se tratem mutuamente como irmãos. Todos, de fato, foram criados à imagem de Deus [...] e todos são chamados a um só e mesmo fim que é Deus mesmo". Complementa dizendo que a Igreja, embora experimente tensões e divisões no seu seio ou internamente, não deixa de realizar visivelmente essa unidade, entre os seus filhos de todas as línguas, de toda nação, de toda condição social e profissional. Fazendo isso, a Igreja tem consciência de ser um sinal profético de unidade e de paz para o mundo inteiro (cf. Is 11,12).

E pergunta se os meios de comunicação social, cuja importância cresceu de tal modo que é onipresente na cultura moderna, assumirão a tarefa privilegiada da promoção dessa unidade e dessa fraternidade, isto é, esse diálogo aberto, essa colaboração confiante, num mundo cujos problemas assumem muito rapidamente dimensões planetárias? (1971). Sem dúvida, uma questão fundamental, quando se pensa no lugar e função social das mídias, também em nossos dias.

Nessa mesma mensagem, Paulo VI toca na ferida de problemas mundiais, de cinquenta anos atrás, mas tão contemporânea, e entende que seria uma ilusão grave não avaliar a força das trágicas tensões entre ambientes sociais, entre sociedade e indivíduos, entre países do Terceiro Mundo, entre os seguidores de sistemas ideológicos ou políticos antagônicos. Esses problemas despertam, muitas vezes, repercussões desproporcionais em todo o mundo, pois os conflitos continuam a criar fossos perigosos e se traduzem, infelizmente, em atos de violência e em situações de guerra.

E lança um desafio: Quem poderia negar que existe a tentação de usar esses "poderosos meios audiovisuais", que causam impacto tão profundo, para agravar, radicalizar as tensões, as oposições e as divisões, chegando ao ponto de desencorajar muitas pessoas de boa vontade nas suas tentativas, mesmo que imperfeitas, mas generosas, de união e de fraternidade? Uma problemática atual em que, com frequência, encontram-se pessoas que se decepcionam ou se sentem impotentes diante das agigantadas forças do mal!

E o papa é enfático: "Denunciamos este perigo com força e o enfrentamos com coragem". Serve-se de seu discurso à Assembleia Geral da ONU, em 1965, para dar maior ênfase à sua mensagem, no desejo de que os meios de comunicação sejam colocados a serviço da unidade. "Quem poderá exprimir, por outro lado, as imensas possibilidades, ainda muito pouco exploradas, destes maravilhosos meios de comunicação social, que podem fazer os leitores, os ouvintes, os espectadores tomar consciência dos verdadeiros problemas de todos? Para ajudar os homens a se conhecerem melhor e valorizarem-se sempre mais em suas legítimas diversidades? Para superar, na compreensão e no amor, as barreiras de todo tipo? Melhor ainda, para pôr à prova, muito além de qualquer obstáculo, a solidariedade efetiva que nos põe todos, uns com os outros, uns para os outros, à procura do bem comum da grande comunidade humana?" (cf. Paulo VI, Discurso para a Assembleia Geral da ONU, em Nova York, no dia 4 de outubro de 1965).

E dirige-se à comunidade católica para pedir reflexão e oração, e que haja audácia, com discernimento e coragem, para que sejam usados todos os meios e competência, bem como o zelo, para que, entre tantos fios cruzados e tão frequentemente emaranhados, "vós possais desvencilhar a trama e tecer um mundo de irmãos e filhos de Deus". E finaliza servindo-se de outro discurso, proferido em Genebra, em 1969: "Dominando todas as forças desagregadoras de contestação e de confusão, deve-se construir a cidade dos homens, uma cidade da qual o único cimento duradouro é o amor fraterno entre as raças e os povos, entre as classes e as gerações" (Paulo VI, Discurso para a Organização Internacional do Trabalho, Genebra, no dia 10 de junho de 1969, n. 21: AAS 61 (1969), p. 500).

O papa entende que à medida que os meios de comunicação social afirmam e promovem os valores espirituais de uma humanidade sempre empenhada na pesquisa, "contribuem para preparar o dia de uma nova criação, quando a paternidade de Deus será universalmente reconhecida e reinarão a fraternidade, a justiça e a paz" (1973).

A evangelização no mundo contemporâneo, servindo-se das tecnologias

Em 1974, a Igreja realizou o Sínodo dos Bispos sobre a Evangelização, e o Papa Paulo VI dedicou a mensagem desse ano, o 8º Dia Mundial das Comunicações, ao tema: "As comunicações sociais e a evangelização no mundo contemporâneo". Como resultado dos trabalhos do Sínodo, foi promulgada por Paulo VI, no dia 8 de dezembro de 1975, a Exortação Apostólica *Evangelii Nuntiandi* (EN), no décimo aniversário da *Gaudium et Spes*. A Igreja reafirma que a evangelização é parte constitutiva da sua missão, enviada por Cristo ao mundo para pregar o Evangelho a toda criatura (cf. Mc 16,15). "Esta fidelidade a uma mensagem da qual nós somos os servidores, e às pessoas a quem nós a devemos transmitir intacta e viva, constitui o eixo central da evangelização", diz o documento.

E diante da mensagem a ser transmitida, Paulo VI relata que o Sínodo dos Bispos em 1974 teve constantemente, diante dos olhos, três problemas candentes: O que é feito, em nossos dias, daquela energia escondida da Boa-Nova, suscetível de impressionar profundamente a consciência dos homens? Até que ponto e como é que essa força evangélica está em condições de transformar verdadeiramente o homem deste nosso século? Quais os métodos que hão de ser seguidos para proclamar o Evangelho de modo que a sua potência possa ser eficaz? E pergunta ainda: "Encontrar-se-á a Igreja mais apta para anunciar o Evangelho e para inseri-lo no coração dos homens, com convicção, liberdade de espírito e eficácia?".

Ao longo da história, a Igreja vem se servindo de todas as formas e linguagens de cada época para o anúncio do Evangelho. Mediante o Decreto *Inter Mirifica*, ela assume o direito e o dever de fazer esse anúncio pelas mídias como missão. Paulo VI afirma, na mensagem (1970), que a Igreja recebeu o mandato de proclamar os valores espirituais de toda a mensagem cristã, e o Senhor exortou-a a levar essa mensagem até os confins da terra (cf. At 1,8; Mt 28,19). Os seus apóstolos deviam pregar o amor de Deus e do homem, o perdão e a reconciliação, e, também, proclamar a mensagem de paz. Deviam estar no meio do povo e ocupar-se dos doentes e dos oprimidos e, como o seu mestre, anunciar aos pobres a Boa-Nova consoladora (cf. Lc 4,18).

Na Exortação Apostólica EN, um dos cuidados da Igreja é evangelizar não "de maneira decorativa, como que aplicando um verniz superficial, mas de maneira vital, em profundidade e isto até as suas raízes, a civilização e as culturas do homem, no sentido pleno e amplo". Recorda que a evangelização precisa partir sempre da pessoa e fazendo continuamente apelo para as relações das pessoas entre si e com Deus, conforme orientações do Concílio na Constituição *Gaudium et Spes* (n. 50). E uma das chaves da evangelização é o diálogo entre a fé e a cultura, que, segundo o papa, é o drama da nossa época, como o foi também em outras épocas. Há um apelo constante a manter-se inserida na cultura, que vem sendo modificada pela constante exposição das pessoas às comunicações. Diz o papa que importa empenhar "todos os esforços no sentido de uma generosa evangelização da cultura, ou mais exatamente das culturas. Estas devem ser regeneradas mediante o impacto da Boa-Nova. Mas tal encontro não virá a dar-se se a Boa-Nova não for proclamada" (1974, n. 20).

O decreto *Inter Mirifica* recomenda a criação do Dia Mundial das Comunicações Sociais. Na apresentação do documento, Paulo VI escreve:

> A Igreja, com este Decreto, manifesta sua capacidade de unir a vida interior à exterior, a contemplação à ação, a oração ao apostolado. Os meios de comunicação social são já inseridos como meio e documento no exercício do ministério pastoral e da missão católica no mundo.

O Decreto *Inter Mirifica* foi uma confirmação da missão na Igreja para o fundador da Família Paulina, o Bem-aventurado Tiago Alberione, que participou do Concílio na qualidade de superior-geral. Como fundador de congregações, com o carisma da evangelização pelos meios de comunicação, e contemporâneo, teve muitos contatos com o pontífice. Na audiência de 28 de junho de 1969, Paulo VI disse dele: "Alberione deu à Igreja novos instrumentos para se exprimir [...] humilde, silencioso, incansável, sempre vigilante, sempre recolhido nos seus pensamentos, sempre atento aos sinais dos tempos".

Na mensagem de 1973, que trata da promoção dos valores espirituais, citando *Populorum Progressio*, n. 14, Paulo VI diz que a Igreja, iluminada pela luz de Deus e rica da experiência humana, sabe e afirma que o verdadeiro progresso do homem, como o progresso dos povos, pode realizar-se somente se os valores espirituais que respondam às suas aspirações mais altas receberem o devido destaque. "A Igreja, no correr dos séculos, comunicou esses valores e promoveu iniciativas para o desenvolvimento dos povos, iniciativas que se voltam para cada homem e para o homem total", afirma o pontífice. E conclui que a Igreja deve, portanto, continuar a afirmar todos os valores de uma vida verdadeiramente humana, mostrando, ao mesmo tempo, como os nossos corações estão inquietos enquanto não repousarem em Deus. Resta um questionamento: Como priorizar o ser humano num contexto em que as tecnologias são a referência e os valores humanos ficam em segundo plano?

Segundo o ensinamento eclesial, a promoção dos valores espirituais faz parte do anúncio e do testemunho e contribui para que as pessoas encontrem um sentido profundo para suas vidas. Em sua primeira mensagem (1967), o papa lembra que é preciso empreender todo o esforço para difundir a verdade nas mentes e nos corações, a adesão ao bem, a ação coerente nas obras.

O empenho para a difusão dos valores espirituais é recorrente nas mensagens de Paulo VI (1968), uma vez que é pelo testemunho e pelo anúncio que muitos encontram o sentido para suas vidas, que, em última análise, é o próprio Deus. O papa recomenda a todos, e com carinho, "aos nossos filhos católicos em primeiro lugar", que façam todo esforço para que os meios de comunicação social, num mundo que está à procura, às apalpadelas, da luz capaz de libertá-lo, proclamem sobre os telhados (cf. Mt 10,27) a mensagem de Cristo salvador, "o caminho, a verdade e a vida" (Jo 14,6). Jesus Caminho, Verdade e Vida atinge o ser humano por inteiro, em todas as suas faculdades: inteligência, vontade, sentimentos e corpo.

Os cristãos são chamados a anunciar e testemunhar mediante sua presença nas mídias. Não é algo facultativo à Igreja servir-se da comunicação mediada pelas tecnologias para tornar Jesus conhecido e amado. Na mensagem de 1972, Paulo VI pede que os meios de comunicação estejam a serviço da vida, e lembra aos cristãos a necessidade de, no meio do mundo, dentro das realidades humanas de cada dia, serem convictas testemunhas da verdade na qual acreditamos. E valoriza os espaços dos meios de comunicação social como novos caminhos abertos aos cristãos para o seu dever de testemunho e serviço à verdade.

E o papa continua explicitando que a Verdade suprema é Deus, fonte também da verdade das coisas. A Verdade que veio entre os homens tornou-se modelo do agir humano. O respeito da finalidade das coisas e a fidelidade à norma do nosso agir serão, para nós, garantia para realizar a verdade em toda e qualquer circunstância. Um dos dilemas da humanidade é confrontar-se com a verdade da própria vida, da própria história, e ser testemunha de narrativas que correspondam à verdade. Em nossos dias, pela facilidade de propagar, repassar mensagens e notícias, há pouco cuidado em verificar se estamos sendo testemunhas da verdade ou contribuindo para espalhar inverdades e mentiras.

Na exortação apostólica *Evangelii Nuntiandi,* n. 45, o papa diz que, nos meios de comunicação, a Igreja encontra "uma versão moderna e eficaz do púlpito". Naturalmente, o pensamento é sobre o alcance que eles têm em vista da evangelização. Ele lembra que neste século tão marcado pelos meios de comunicação social, o primeiro anúncio, a catequese ou o aprofundamento ulterior da fé, não podem deixar de se servir desses meios e que, colocados a serviço do Evangelho, "ampliam, quase até ao infinito, o campo para poder ser ouvida a Palavra de Deus e fazem com que a Boa-Nova chegue a milhões de pessoas". Esse pensamento avança no pontificado de João Paulo II, quando afirma que não basta que os meios de comunicação multipliquem a palavra do Evangelho e os ensinamentos da Igreja, mas é preciso que eles entrem na nova cultura criada pelas comunicações.[5]

Sabemos que a evangelização não se dá apenas com palavras, mas pela vida do cristão em permanente evangelização no meio do mundo. O cristão, vivendo entre os outros homens, participando das ansiedades e sofrimentos do mundo, empenhando-se em promover o progresso dos valores temporais, inserindo-se no dinamismo das buscas e do confronto das ideias, realiza o seu testemunho evangélico e oferece sua contribuição de fermento e de orientação. "No mundo das comunicações sociais, esta postura do cristão encontra vastas perspectivas de influência evangelizadora" (1974).

O anúncio também precisa conhecer e respeitar a linguagem da imagem, da palavra impressa, das cores, da música, dos sons para facilitar a difusão da mensagem de bondade, beleza e verdade. A questão da linguagem faz parte da cultura ou das culturas em que as pessoas estão imersas. Daí a necessidade de entrar na cultura da criança, do jovem, do

---

[5] Para aprofundar, cf. *Redemptoris Missio,* 37c, comentários neste livro no Capítulo 3.

adulto, das pessoas idosas, tendo em conta as circunstâncias em que as pessoas se encontram e seu acesso às mídias, para que se possa estabelecer elementos comuns de compreensão.[6]

Paulo VI pede uma ação positiva por parte de todos os católicos, especialmente aqueles que estão empenhados na comunicação social, para comunicar em toda a sua plenitude os valores da mensagem vivificante de Cristo e fazer com que estas convicções ressoem no mundo com a voz da própria fé e com a Palavra de Deus. Importante notar que essa ação não é apenas uma boa ação ou um dever, mas, para o papa, "trata-se então de uma vocação importante e de um grande serviço ao mundo". E seu pedido não se restringe aos católicos, mas a todos os homens de boa vontade, a que colaborem, em todos os países, para afirmar eficazmente os princípios comuns sobre os quais se baseia a dignidade humana (1973).

Além das recomendações a respeito da evangelização para os cristãos e todas as pessoas de boa vontade, Paulo VI manifesta apreço pelas comissões de comunicação nas diversas instâncias, como em nível de Vaticano e das Conferências episcopais. É bom lembrar que foi o Concílio Vaticano II que organizou a comunicação e criou a Comissão para as Comunicações Sociais.[7] A partir dessa Comissão Pontifícia, também as Conferências episcopais organizaram a comunicação em nível nacional, regional e local.[8] Merece destaque a menção que Paulo VI faz às Organizações Católicas Internacionais e aos profissionais católicos.[9] Diz o papa: "Conhecemos as dificuldades que todos encontram pela novidade do setor, pelas condições ambientais, pela limitação dos recursos" (1974).

---

[6] Cf. CORAZZA, Helena. Educomunicação. *Formação pastoral na cultura digital*. São Paulo: Paulinas, 2016, p. 69-86.

[7] Na ampla consulta preparatória ao Concílio, entre as sugestões de Tiago Alberione, houve uma para que o Vaticano organizasse um Dicastério para a Comunicação (cf. *Don Alberione al Concilio Vaticano II. Proposte, Interventi e "Apunti"*. Roma: Edizioni dell'Archivio Storico Generale della Famiglia Paolina, 1994, p. 55-59).

[8] Cf. CNBB. *Diretório de Comunicação da Igreja no Brasil*, 2014.

[9] Em 1928, a Igreja criou três organizações no intuito de que os católicos, sobretudo os profissionais, fossem fermento no mundo, sobretudo, na mídia: Organização Católica Internacional de Prensa (UCIP), para impressos; Organização Católica Internacional de Cinema (OCIC), para cinema e vídeo; União de Radiodifusão Católica (UNDA), para rádio e televisão. Com a convergência das mídias, internacionalmente, em 2001, o Vaticano, com a participação dos representantes das organizações católicas, criou a Signis, uma Associação Católica de Comunicação que se organiza internacionalmente, por continente e por país. No Brasil, a Signis foi criada em 2 de dezembro de 2010, em assembleia que reuniu as três entidades anteriores para formar a Signis-Brasil.

A necessidade da educação para a comunicação

As mensagens do Papa Paulo VI, bem como todos os documentos da Igreja sobre comunicação, trazem um constante apelo sobre a necessidade de educar-se para o senso crítico, diante das mensagens oferecidas pelos meios de comunicação. O critério que se coloca é sempre no sentido de não tolher a liberdade para tomar decisões, não se deixar levar por mensagens sedutoras, que nem sempre condizem com a dignidade humana e os valores humanos e cristãos.

Ao falar da influência que a mídia exerce sobre as pessoas, sobretudo os jovens, o papa lembra de sua linguagem apaixonante transmitida pelos sons, pelas imagens, pelas cores, pelos movimentos, e pensa em como fazer deles formas de relacionamento humano, capazes de responder às expectativas dos jovens. E pergunta: Quem não sente a urgência de tornar proveitosos os meios de comunicação social e sua linguagem apaixonante transmitida pelos sons, pelas imagens, pelas cores, pelos movimentos, para fazer deles modernos instrumentos de relacionamento humano, capazes de responder às expectativas dos jovens? (1970).

É uma chamada de atenção para quando a publicidade promove determinados interesses que, mesmo que legítimos, devem levar em conta o bem comum, os não menos legítimos interesses dos outros. O papa adverte também sobre as condições da recepção como as circunstâncias concretas de desenvolvimento integral do destinatário, tendo em conta seu ambiente cultural e econômico e o nível educativo (1977).

Entretanto, nessa mudança de cultura criada pelas comunicações, as lideranças eclesiais e educativas precisam ajudar a formar o juízo crítico do leitor e do espectador, a avaliar as notícias, ideias, imagens que são propostas. As análises não podem ser apenas do ponto de vista da técnica, da estética, do interesse despertado, mas também do ponto de vista humano, moral e religioso, no que diz respeito aos valores supremos da vida. E pensando nos meios de comunicação a serviço do progresso dos povos, a mensagem (1968) chama a atenção para as necessidades criadas pela mídia, num mundo onde tantos não têm sequer o necessário para comer, para educar-se, e, ainda, onde há pouca "luz espiritual". Seria grave usar os meios de comunicação social para reforçar os egoísmos pessoais e coletivos, para criar nos consumidores, já saturados, novas pseudonecessidades, "para afagar a própria sede de prazeres, para multiplicar as evasões superficiais e deprimentes" (1968).

Uma das formas de criar necessidades são as mensagens publicitárias, *merchandising*. Enquanto a publicidade é um serviço, também desperta o desejo para produtos supérfluos, que fazem parte da sociedade de consumo, levando ao consumismo. A mensagem lembra que a publicidade procura um convencimento eficaz, e é divulgada com a ajuda de conhecimentos psicológicos e sociais precisos, na busca constante de modos e formas persuasivas. E a chamada de atenção é para que também na publicidade é preciso respeitar a pessoa humana, o seu direito-dever a uma escolha responsável, a sua liberdade interior, "todos bens que seriam violados se fossem usadas as tendências deterioradas do homem, ou estivesse comprometida a sua capacidade de refletir e de decidir" (1977).

A Igreja entende que é preciso despertar e formar o senso crítico, mediante o diálogo com pais e educadores, para ajudar os jovens a escolher, a julgar, a integrar o que lhes é proposto, a fim de que possam escolher com liberdade, no confronto com os valores assumidos. E diante da possibilidade da possível passividade, o papa pergunta: "De que serviria, ainda, se os próprios jovens permanecessem passivos, como que fascinados por aqueles poderosos atrativos, enredados no desejo e incapazes de dominá-los com propriedade?" (1970). Sabe-se, mediante estudos e pesquisas, que as pessoas nunca são passivas. Muitas vezes podem não ter argumentos, mas sempre há uma negociação de sentido e, tantas vezes, o que a mídia apresenta vem ao encontro de sonhos e desejos.

Um aspecto essencial que se coloca para o senso crítico é a objetividade da informação, ou seja, se corresponde ao direito que cada um possui de desenvolver integralmente a própria personalidade conforme a verdade; de exercer as próprias responsabilidades sociais com conhecimento de causa; supõe, antes de mais nada, que os fatos sejam relatados com honestidade. Há uma chamada de atenção para as interpretações das narrativas: é lícito enriquecer a narração com certa "interpretação", que só se justifica à medida que contribui para fazer aparecer melhor a natureza dos fatos, a dimensão real que os mesmos assumem no contexto, como também na sua relação com os valores humanos (1975). O pontífice coloca a objetividade como um "serviço à reconciliação", pois há fontes de informação que não favorecem profissionais, leitores, espectadores ou ouvintes.

Um critério para o senso crítico está ligado aos direitos fundamentais do ser humano, observando-se o enfoque das programações, se tratam com dignidade ou favorecem a violência, se beneficiam certos grupos, dando como entendimento reivindicação de direitos, o que, na realidade, é um seu flagrante aviltamento. Não se trata de culpar os meios ou profissionais da comunicação, mas, diz a mensagem, não se pode negar que eles também podem ter uma influência considerável ao "manipular" ideias, elementos, valores e interpretações; subestimam a capacidade crítica de amplos estratos da população; exercem uma espécie de opressão cultural, propondo ou suscitando somente aquelas aspirações, às quais se quer responder (1976).

O senso crítico é apresentado pelo papa como direito fundamental do ser humano, por isso, "o desrespeito constitui uma lesão grave do íntimo sacrário do ser humano, que é criatura livre, feita à imagem de Deus". Daí que nenhuma mensagem comunicada pode esquecer-se da pessoa humana, ou impor-lhe um modo de pensar e de viver, em contraste com a dignidade que lhe é própria, ou dissuadi-la de desenvolver as virtualidades positivas que traz dentro de si, ou privá-la de poder afirmar os próprios direitos autênticos, cumprindo, ao mesmo tempo, os deveres. E o pontífice é enfático ao dizer que, antes de dominar os elementos, o homem é obrigado – e é uma sua aspiração profunda – a dominar-se a si mesmo e a agir responsavelmente. "Esta sua exigência espiritual deverá ser respeitada e, mais ainda, ajudada pelo uso correto dos meios de comunicação social" (1976).

Senso crítico pelo diálogo e escolhas

O senso crítico é um exercício de distanciamento necessário para análise de programas e mensagens que as mídias oferecem e que se vai tornando um hábito, uma atitude. A análise pode ser feita individualmente, mas é preciso também ensinar ou educar para essa atitude. As mensagens de Paulo VI e, em geral, dos documentos da Igreja sobre comunicação indicam algumas instâncias e entendem que a família é a primeira responsável pela educação de crianças e jovens, pois é ela que forma para a vida.

A primeira educação para a mídia deve acontecer no seio das famílias: compreender, escolher e julgar os meios de comunicação social "deve entrar no quadro global da formação para a vida". Cabe aos pais a tarefa de ajudar os próprios filhos a fazerem as escolhas, a amadurecer o juízo, a dialogar com os comunicadores. "Os pais são primeiros e insubstituíveis educadores dos seus filhos", diz Paulo VI, em sua primeira mensagem para esse Dia Mundial das Comunicações Sociais. A família, como berço da vida e das relações primárias, tem a missão de educar para a vida em sociedade, tendo em conta que os meios de comunicação estão no coração da família e das relações sociais.

E o papa adverte para a influência que a mídia tem ao entrar no coração da vida familiar. Talvez hoje nem se pense muito nessas questões, uma vez que a televisão está no quarto e, com portabilidade, as informações estão na palma da mão, onde quer que estejamos. Por outro lado, o que se pode fazer contra essa avalanche de informações? O papa adverte que "qualquer ofensa aos valores fundamentais da família, quer se trate de erotismo ou de violência, de apologia do divórcio ou de atitudes antissociais dos jovens, é uma ofensa ao bem verdadeiro do homem e da sociedade" (1969).

O papa pede que as famílias se mantenham em constante diálogo com os produtores para confrontar o que é adequado na formação de crianças e jovens: "Convidamos todas as famílias a colaborar com as associações que, através de um diálogo contínuo, fazem conhecer aos responsáveis pelas comunicações sociais as suas aspirações e as suas justas exigências" (1967). A Igreja também orienta para a necessidade de haver bons profissionais da comunicação e que os pais não tenham medo de orientar os filhos profissionalmente para esse campo: "Este é o setor da vida moderna, no qual esta presença é especialmente desejável e necessária. E as famílias não devem deixar-se amedrontar pelos perigos que possam esconder-se em tais profissões" (1969).

O papa reconhece que "no mundo das comunicações sociais, como em qualquer outro lugar, florescem exemplos luminosos de vida moral, pessoal, familiar, e não faltam jornalistas, atores, diretores que vivem a própria fé em Deus no exercício sereno consciencioso da própria profissão". Lembra também que a história do Cristianismo ensina que a força do fermento evangélico cresce e se desenvolve, transformando tudo e dando vida, também em meio às dificuldades.

Um segundo espaço para se trabalhar a educação do senso crítico é a escola. Já em sua primeira mensagem, em 1967, Paulo VI diz que "a escola deve preparar os alunos a conhecer e compreender a linguagem das técnicas modernas, a avaliar os conteúdos e deles se servir com critério sadio, moderação e autodisciplina". Ou seja, a escola precisa trabalhar a educação para a comunicação ou Educomunicação em sala de aula, mas também em diálogo com as famílias, orientando os pais. A Igreja entende que é necessário "formar as consciências para um uso inteligente dessas fontes de riquezas culturais, exigindo decisivamente o estudo de um novo capítulo nas tarefas tradicionais dos educadores".

Chegou a hora, para a família, de enfrentar a obra de sua atualização sobre esse tema, enquanto, com a colaboração indispensável da escola, deve preocupar-se em educar as consciências para que todos estejam aptos a emitir juízos serenos e objetivos que deverão, depois, determinar a escolha ou a recusa dos programas propostos (1969).

Entre os direitos e deveres do ser humano, o papa lembra a missão de divulgar a imprensa católica nas escolas católicas, nos seminários e em grupos de leigos, pois, por meio dela, propagam-se os princípios cristãos a serem seguidos na escolha e recepção dos diversos programas (cf. *Inter Mirifica*, n. 16). Lembra os professores que na atividade pedagógica que se realiza num contexto midiático, é importante orientar a respeito dos princípios da fé e da moral (1978). Em outras palavras, a missão dos professores e educadores deve ser discutir os conteúdos de filmes, espetáculos, programações, também da internet, e confrontá-los com os valores humanos, cristãos e cidadãos.

Um destaque especial na educação para a comunicação é dado aos jovens. Eles são chamados a um papel importante na valorização dos meios de comunicação, tendo em vista a própria formação, a fraternidade e a paz entre os seres humos. "Pensamos especialmente nas novas gerações, que buscam, não sem dificuldades e até com aparentes ou reais desânimos, uma orientação para sua vida de hoje e de amanhã, e que devem pôr em prática suas escolhas, em liberdade de espírito e com senso de responsabilidade", diz a primeira mensagem de 1967. Ao mesmo tempo, os jovens precisam estar providos de uma sólida formação moral e religiosa e animados por um autêntico ideal cristão, e devem, portanto, ser encorajados a se inserirem nas diversas atividades das comunicações sociais (1969), uma vez que o mundo das comunicações é próximo às novas gerações. E, tendo em vista o seu protagonismo, o papa pergunta: "Jovens, que sociedade ides construir quando tomardes nas vossas mãos os destinos do mundo?" (1970).

A educação para a comunicação, na compreensão da Igreja, perpassa a família, a escola, as associações de orientação cristã em todos os níveis. Envolve as comunidades locais, paróquias, imprensa católica, meios à disposição das dioceses, das paróquias e das famílias religiosas, a fim de que "deem um espaço mais amplo à informação sobre os programas das comunicações sociais, recomendem e aconselhem, acrescentando as motivações oportunas, que permitam aos fiéis orientar-se em plena conformidade com a doutrina e a moral evangélica" (1978). Trata-se, portanto, de uma tomada de consciência organizada, tanto de forma presencial como a distância, para evidenciar o senso crítico e os valores cristãos.

Esse empenho se estende a todos os cristãos e, particularmente, aos jovens, para que assumam uma responsabilidade pessoal, pois "das escolhas feitas por eles dependerá a santidade de sua vida, a integridade da sua fé, a riqueza de sua cultura e, por acréscimo, a contribuição para o progresso geral da sociedade". A Igreja pode e deve informá-los e ajudá-los, mas não pode substituir as suas decisões pessoais e coerentes, diz o papa (1978).

O Santo Padre, em sua última mensagem (1978), conclui dizendo que a tarefa é complexa e muito exigente, pois se trata de uma atitude ativa perante a mídia por parte dos receptores ou interlocutores. Ele acredita que somente a generosa colaboração de todos poderá fazer com que os meios de comunicação social

> não só abandonem atitudes e expressões, muito frequentes, eivadas de violência, de erotismo, de vulgaridade, de egoísmo e interesses injustificados, mas consigam oferecer uma formação ampla, cuidadosa e verdadeira e, no que diz respeito aos espetáculos, uma diversão sadia, cultural e espiritualmente, contribuindo, assim, de modo eficaz para a instauração de um humanismo completo, que a Igreja sumamente aprecia (PP, n. 42; 14).

Essa contribuição pode ser efetivada nas formas mais diversas, que vão da intervenção direta na programação e na produção, até a decisão pessoal responsável sobre as escolhas, a aceitação ou não das mensagens da comunicação social (1974).

A comunicação diante dos direitos e deveres fundamentais do ser humano

Ao promulgar o Decreto sobre os meios de comunicação social, *Inter Mirifica*, no dia 3 de dezembro de 1963, no Concílio Vaticano II, a Igreja assume o direito e o dever de evangelizar com os meios de comunicação. Em sua mensagem para o Dia Mundial das Comunicações (1975), o Papa Paulo VI diz que a Igreja, nesse campo, como em outros, "não reivindica privilégios e, menos ainda, monopólios. Reafirma simplesmente o direito e o dever de todos os homens de responder ao chamado divino e o direito dos seus filhos de ter acesso ao uso destes meios de comunicação, no respeito aos legítimos direitos dos outros". E acrescenta: Cada pessoa e cada grupo social não aspiram a ser apresentado conforme sua autêntica fisionomia? "Também a Igreja tem direito a que a opinião pública conheça sua verdadeira imagem, sua doutrina, sua missão, sua vida".

Vivemos num tempo em que tantas discussões se fazem a respeito do espaço público da comunicação e, para alguns, a Igreja deveria "fazer o que ela sabe que é cuidar das almas", ou seja, manter-se na sacristia, ou seja, no espaço privado. A diversidade e as diferentes tendências na expressão da fé de grupos de Igreja, assusta e permanece o medo de misturar-se como o "joio e o trigo". Importa conhecer ou revisitar o empenho de um Concílio que abre as portas para o diálogo com a sociedade e se coloca em diálogo sem renunciar ao Evangelho, pede ousadia para ser "uma Igreja em saída", conforme o magistério do Papa Francisco.

Na mensagem de 1976, Paulo VI afirma a respeito dos direitos e deveres fundamentais do homem, que a Igreja não reivindica nenhum privilégio, mas reafirma o seu direito de estar presente – com a sua longa e universal tradição histórica, cultural e, sobretudo, religiosa e educativa – no setor dos meios de comunicação social de propriedade pública ou privada e, se necessário, com a possibilidade de ter os seus próprios meios, pelo seu dever primário de comunidade evangelizadora, mas também pela afirmação de seus direitos humanos, que a torna promotora do desenvolvimento integral do homem. É seu dever primário pregar o Evangelho a toda criatura (cf. Mc 16,15), "com a missão complementar de ser artífice de civilização, impõe-lhe que assuma o próprio lugar em qualquer forma moderna de comunhão entre os homens".

Talvez nos tenhamos acostumado a tratar com subserviência os meios de comunicação ou a achar que são responsabilidade apenas de quem os produz, tanto nas mídias confessionais quanto nas de mercado. Ao se falar em direitos em relação à comunicação, o papa pergunta: Quais direitos? Será preciso recordá-los ainda? (1976). E enumera alguns, como "o direito à vida, ao estudo, ao trabalho e, antes desses, o direito ao nascimento, à procriação responsável; e, depois, o direito à paz, à liberdade, à justiça social. O cristão também tem "o direito a participar das decisões, que incidem sobre a vida de cada um e a vida dos povos, como o direito de professar e testemunhar, individual e coletivamente, a própria religião, sem ser discriminado ou punido". Direitos atualíssimos na conjuntura em que o "Estado é laico", cujo sentido preciso é que ele não professa nenhuma religião oficial, mas respeita todas as crenças e religiões.

Na mesma mensagem (1976), o pontífice diz que a cada um dos direitos correspondem importantes deveres, e "nós os proclamamos com igual força e clareza, porque, qualquer prevalência de direitos, em confronto com os respectivos deveres, seria um elemento de desequilíbrio que refletiria negativamente na vida social". Por isso, deve-se recordar que a reciprocidade entre direitos e deveres é essencial: dos direitos nascem os deveres e vice-versa, diz a mensagem. E justamente nessa coordenação, os meios de comunicação social encontram um ponto certo de referência para espelhar, na notícia ou no espetáculo, a realidade humana e contribuir, assim, para o progresso da civilização. Sem dúvida alguma, é preciso ter em conta esses critérios na formação do senso crítico, pois eles fazem parte da cidadania.

Paulo VI dá razões a esses princípios, dizendo que não somos levados somente por motivos humanitários, mas a nossa fé fornece razões ainda mais fortes. E traz presente o mistério da encarnação, pois "nele reconhecemos o fundamento da suprema estima e valorização do homem, enquanto, em todo o Evangelho, encontramos a proclamação mais autorizada dos seus direitos e deveres". Uma vez que "a Palavra se fez carne e veio morar entre nós" (Jo 1,14), e nos deixou como mandamento novo o mandamento do amor recíproco, espelhado no seu mesmo amor (cf. Jo 15,12), "a Igreja sabe e deve lembrar a todos que qualquer atentado aos direitos do homem e qualquer omissão dos correspondentes deveres são também uma violação desta lei suprema". Um profissional cristão das comunicações sociais não pode ignorar esta perspectiva que deriva da sua mesma fé, diz o pontífice (1976).

O papa recorda que a preocupação da Igreja pelos direitos humanos e pela observância dos consequentes deveres não é nova. Ele o faz como fizeram também os seus predecessores. O que é novo e talvez pouco explorado é a apresentação de deveres que os meios de comunicação social assumem sobre os direitos e deveres fundamentais do homem, destacando o direito à verdadeira e completa informação (1976). O papa considera que os meios contribuem na formação da consciência dos seres humanos sobre os próprios direitos e deveres, daí a responsabilidade dos que trabalham nas mídias.

Paulo VI dedica a mensagem de 1978, a última do seu pontificado, ao exame das expectativas, dos direitos e dos deveres do assim chamado "receptor", ou interlocutor, movido por espírito pastoral, destacando que a primeira aspiração é o diálogo. E pontua que o espaço que os jornais e as emissoras de rádio e televisão reservam para a correspondência com os próprios leitores, ouvintes, espectadores, responde só parcialmente a esse desejo legítimo, porque se trata sempre de casos isolados, enquanto todos os "receptores" sentem a necessidade de poder expressar, de alguma forma, a própria opinião e oferecer uma contribuição de ideias e de propostas pessoais. Ora, garantir esse diálogo, favorecê-lo e encaminhá-lo para os problemas de maior importância, significa para os "comunicadores" estabelecer um contínuo e estimulante contato com a sociedade e levar os "receptores" a um nível de correspondência ativa.

Em 1978 a internet ainda não existia e o emissor era o veículo de comunicação, com pouca possibilidade de participação dos interlocutores. Com a internet, o polo do emissor está liberado e toda pessoa que tem acesso é potencial emissor. Com essa possibilidade, como é a participação e o diálogo com os profissionais da comunicação? Há uma interação para elogios, críticas, sugestão, ou continuamos "passivos"?

Para o papa, a segunda exigência na comunicação é a verdade: trata-se de um direito fundamental da pessoa, radicado na própria natureza humana e estreitamente ligado à instância de participação, que a evolução moderna tende a garantir a cada membro da sociedade. Essa aspiração diz respeito diretamente, também, aos meios de informação, dos quais os destinatários têm o direito de esperar oportunidade, honestidade, preocupação com a objetividade, respeito à hierarquia de valores e, quando se trata de espetáculos, a proposta de uma imagem verdadeira do homem como indivíduo ou como parte de um determinado contexto social (1978).

Referindo-se à Instrução Pastoral sobre os meios de comunicação, publicada em 1971, o papa cita o n. 81, para falar da colaboração responsável do próprio "receptor", que deve assumir uma parte ativa no processo formativo da comunicação. "Não se trata de criar grupos de pressão exacerbando ainda mais confrontos e tensões do tempo presente." Trata-se, antes, de impedir que, em vez de uma "mesa-redonda da sociedade" à qual todos têm acesso, conforme a própria preparação e a importância dos assuntos dos quais são portadores, haja grupos não representativos, que poderiam fazer uso unilateral, interessado e restritivo dos meios em seu poder. É de se esperar, pelo contrário, que entre comunicadores e receptores se estabeleça um verdadeiro e autêntico relacionamento, ou diálogo (*Communio et Progressio*, n. 81).

E praticamente aqui a mensagem transmite um roteiro de conduta para os receptores ou interlocutores: aprender a linguagem dos meios de comunicação social, mesmo que seja difícil, para estar em condições de poder dialogar eficazmente. "Vós deveis saber escolher bem o jornal, o livro, o filme, o programa de rádio ou de televisão, conscientes que, da vossa escolha – como de uma ficha de vida –, vai depender o encorajamento e o apoio, inclusive econômico, como também a recusa por um determinado gênero ou tipo de comunicação" (*Communio et Progressio*, n. 82).

Outro aspecto abordado, em 1975, é a liberdade de expressão e o pluralismo de ideias, considerando também o pluralismo nas fontes de informação. Referindo-se aos órgãos de imprensa, o papa pede que, ao invés de obrigar os usuários a apenas receberem suas notícias e interpretações, estes deveriam permitir um diálogo aberto e um confronto leal, que permita aos indivíduos expressarem livremente as suas legítimas ideias. Diferentemente, poder-se-ia cair, provavelmente, numa espécie de "tirania", ou ainda num "terrorismo cultural", difundido e quase anônimo, que pode até encontrar, paradoxalmente, acolhida favorável como pretexto de que tal monopólio ajuda a promoção pessoal e social, mesmo violando as convicções religiosas, éticas e cívicas. Auguramos, diz o papa, que todos os que trabalham nos meios de comunicação sintam-se pessoalmente chamados a defender e incrementar a sua liberdade de expressão, entendendo "a liberdade fundamentada sobre a verdade, sobre o amor dos irmãos e de Deus" (1975).

Na mensagem de 1976, o Papa Paulo VI dirige seu apelo aos poderes públicos, a todos os receptores, aos profissionais da comunicação, a quem, exortando, agradece pelos serviços que prestam à Igreja e à sociedade: "Em nome do serviço ao homem, que é parte essencial da missão que Cristo nos confiou, dirigimos nossa paterna exortação para que estes meios de comunicação se ponham verdadeiramente a serviço e em defesa de todos os direitos e deveres fundamentais do homem". Dirigindo-se às autoridades públicas e poderes públicos, aos quais compete a promoção e a guarda do bem comum, no respeito da legítima liberdade, o papa pede que favoreçam a comunicação social da cultura; pede respeito aos fatos e às opiniões, a busca diligente da verdade, que mostre ao ser humano o que ele realmente é diante dos irmãos e diante de Deus; pede também que esta busca se traduza em profunda atenção aos valores supremos da pessoa.

É insistente o pedido do Papa Paulo VI de que todos os que se servem dos meios de comunicação, tanto os receptores quanto os produtores, se formem num acurado senso crítico, pelo qual saibam acolher, encorajar, sustentar moral e materialmente as pessoas, os editoriais, as transmissões, os filmes, que defendem os direitos do homem e o educam aos seus deveres, e saibam, ao mesmo tempo, proteger-se diante das agressões ou seduções, em contraste com a verdade objetiva e com a dignidade humana. Pede, também, que sejam avaliadas as produções recebidas, e que se tornem capazes de intervir nos meios de informação, com oportunas iniciativas individuais ou coletivas. Leitores, espectadores, ouvintes, e acrescentaríamos, internautas, com sua escolha terão sempre a palavra definitiva sobre o futuro dos meios de comunicação, e é esta uma responsabilidade que eles, os donos da mídia, muitas vezes ignoram, diz o papa (1976).

Com impressionante clareza, Paulo VI convida, no sentido de direitos e deveres fundamentais, ao "controle" da mídia pela audiência. Um poder, sem dúvida alguma, desigual, mas que, se for organizado, poderá obter resultados benéficos à sociedade, preservando os valores e garantindo uma programação de qualidade.

Ao dirigir-se aos profissionais da comunicação (1975), a mensagem reproduz um trecho do discurso realizado na Federação Italiana de Imprensa:

> O nosso urgente convite aos beneméritos profissionais do mundo das comunicações sociais – e especialmente a todos os que, entre eles, se gloriam do nome cristão –, para que levem o seu "testemunho a serviço da Palavra" que, em todas as suas expressões criadas, deve ser eco fiel da Palavra eterna, o Verbo do Pai, a Luz das mentes, a Verdade que tanto nos sublima (Paulo VI, Discurso ao Consiglio Nazionale della Federazione Stampa Italiana. *L'Osservatore Romano*, 24 de junho de 1966).

E confirma sua estima e apoio a todos os que trabalham no campo da mídia, que se esforçam por tornar conhecida a verdade e reservar ao bem o lugar que lhe é devido. Expressa também sua preocupação com a manipulação da informação, em nome da audiência e de vantagens econômicas.

Na mensagem de 1976, que aborda os direitos e deveres fundamentais do ser humano, o papa expressa sua gratidão aos profissionais da comunicação, a todos os homens de boa vontade que se esforçam para dar essa contribuição. Textualmente, ele diz:

> A propósito, desejamos expressar nossa profunda estima a todas as estações de rádio e de televisão e aos órgãos de imprensa que difundem notícias sobre a Igreja e a Santa Sé e a sua missão fundamental de afirmar e promover os

valores espirituais. Especialmente, agradecemos os nossos filhos e nossas filhas da Igreja Católica, que, pelo uso particularmente eficaz da comunicação social, e com uma dedicação especial a este apostolado, colaboram conosco na difusão do Evangelho (cf. Fl 1,5).

Evangelizar e comunicar: missão da Igreja

Coube ao Papa Paulo VI a missão de levar adiante o Concílio Vaticano II, após a morte do Papa João XXIII. No que diz respeito à comunicação, a Igreja deu passos decisivos com o Decreto *Inter Mirifica*, que, entre outros aspectos, recomenda realizar o Dia Mundial das Comunicações, celebrado, pela primeira vez, em 1967. Ao longo das 12 mensagens, pode-se observar o coração de um papa que assume para si, em nome da Igreja, o direito e o dever de evangelizar com os meios de comunicação. É insistente sua palavra em relação aos membros da própria Igreja, bispos, sacerdotes, religiosos, leigos para que assumam esta missão como apostolado.

Ao longo das mensagens, pode-se observar também a atualidade das orientações eclesiais. Mesmo num tempo de mídia analógica, em que predominam os impressos, o cinema, o rádio e a televisão, sua palavra pode ser aplicada à cultura digital com todas as possibilidades e limites que possa conter. Mas a presença na mídia não pode ser decorativa ou apenas para agradar, dizendo o que as pessoas querem ouvir. O que o papa recomenda é a fidelidade ao Evangelho, à doutrina com a atenção às linguagens e ao universo cultural do interlocutor.

As orientações do Concílio, sobretudo, o diálogo da Igreja com o mundo e a encíclica de Paulo VI sobre o progresso dos povos, bem como a exortação apostólica sobre a evangelização no mundo contemporâneo, marcam estas mensagens. Os textos são incisivos e de grande clareza, pois o papa está convencido e quer que os cristãos também assumam essa missão de ocupar os espaços da mídia para evangelizar, não de forma decorativa, mas até chegar às raízes da cultura (EN, n. 20). Daí sua orientação para uma postura crítica, diante das mensagens que as mídias oferecem. Essa formação e postura crítica devem ter início na família, ser aplicada na escola e nas comunidades cristãs. O papa convoca a uma verdadeira cidadania perante a mídia: perceber, discutir e organizar-se para que os veículos de comunicação ofereçam uma programação que esteja a serviço da vida e dos valores humanos.

E um aspecto, talvez pouco refletido na Igreja, foi tema da mensagem de 1976: "As comunicações sociais diante dos direitos e deveres fundamentais dos homens", que traz à reflexão temas fundamentais que precisam ser preservados pelas produções da mídia em qualquer linguagem e plataforma. Como cidadãos, não basta respeitar a Constituição do país e fazê-la ser respeitada, é preciso respeitar todos os direitos citados pelo papa e colocados nesse texto, começando pelo direito à vida.[10]

A presença da Igreja na mídia tem uma razão e um foco, que perpassam como fio condutor todas as mensagens para o Dia Mundial das Comunicações e toda ação evangelizadora: "Evangelizar constitui, de fato, a graça e a vocação própria da Igreja, a sua mais profunda identidade. Ela existe para evangelizar" (EN, n. 14).

Medellín: meios de comunicação social

A II Conferência Geral do Episcopado Latino-Americano, realizada em Medellín, na Colômbia, de 24 de agosto a 6 de setembro de 1968, representou, na visão dos pesquisadores, o maior evento eclesial do continente no século XX. Foi uma ação concreta para aplicar à realidade latino-americana as orientações do Concílio Ecumênico Vaticano II (1962-1965), uma vez que ele não conseguiu dar respostas a problemas do Terceiro Mundo. O contexto da América Latina, em 1968, era de repressão pelas ditaduras militares, enquanto na Europa os jovens gritavam por liberdade.

"A Conferência foi aberta por Paulo VI, em Bogotá, no dia 24 de agosto de 1968, por ocasião do 39º Congresso Eucarístico Internacional. A seguir, os participantes se deslocaram para Medellín."[11] Em seu discurso, na abertura da Conferência de Medellín, o Papa Paulo VI frisou que, com sua presença, inaugurava-se "um novo período da vida eclesiástica" na América Latina. Falou aos bispos,

---

[10] A Declaração Universal dos Direitos Humanos completou setenta anos no dia 10 de dezembro de 2018.

[11] BEOZZO, O. In: GODOY, M.; AQUINO JUNIOR, F. (org.). *50 anos de Medellín. Revisitando os textos e retomando o caminho*. São Paulo: Paulinas, 2017, p. 9.

procurando orientá-los, e abordou três pontos: o espiritual, o pastoral e o social (justiça e bem comum).[12]

Nas palavras proféticas de Dom Pedro Casaldáliga, "Medellín foi, sem dúvida alguma, o Vaticano II da América Latina. Mais avançado que o Vaticano II, porque no Vaticano II a opção pelos pobres foi de uma minoria, quase clandestina, comandada por Dom Helder Camara. Medellín fez a opção pelos pobres, Medellín fez a opção pelas comunidades, Medellín fez a opção pela militância, a partir da fé".[13]

A Conferência de Medellín publicou 16 documentos, sendo o último dedicado aos meios de comunicação social. O documento segue a metodologia: ver, julgar e agir. No *ver*, a descrição da realidade, em que se reconhece a comunicação como "uma das principais dimensões da realidade, que forjam uma nova cultura". Constata que: "muitos meios estão vinculados a grupos econômicos e políticos, nacionais ou estrangeiros, interessados na preservação do '*status quo*' social".[14]

A segunda parte, *julgar*, compõe-se com as "justificações", e cita o documento *Inter Mirifica* do Concílio Vaticano II, sobre os meios de comunicação social. Uma das razões destacadas é servir-se dos meios de comunicação para transmitir "não apenas notícias relativas aos acontecimentos da vida eclesial, mas, sobretudo, interpretando os fatos à luz do pensamento cristão" (p. 163), reforçando a missão da Igreja da interpretação cristã na realidade.

No *agir* (p. 165-168), o documento apresenta "Recomendações pastorais", onde destaca alguns aspectos como "o direito de a Igreja possuir meios próprios". Retoma a Constituição *Gaudium et Spes*, ao falar da inserção do cristão nos meios de comunicação, onde é chamado a ser fermento na massa e "contribuir na sua transformação", e completa lembrando que é preciso promover e suscitar vocações para esse campo, sobretudo leigos, que estão entre esses profissionais. Outros aspectos mencionados

---

[12] SOUZA, N. In: BEOZZO, O. Prefácio. In: SOUZA, N. de; SBARDELOTTO, E (org.). *Medellín. Memória, profetismo e esperança na América Latina*. Petrópolis: Vozes, 2018, p. 36.

[13] BEOZZO, O. In: GODOY, M.; AQUINO JUNIOR, F. (org.), op. cit., p. 7.

[14] *Bispos da América Latina. Conclusões de Medellín*. 6. ed. São Paulo: Paulinas, 1987, p. 163-168.

são a formação e postura crítica em relação à recepção, sobretudo para os jovens. Recomenda a formação para as lideranças, citando o *Inter Mirifica*, n. 5. Referindo-se à organização, o documento valoriza as organizações católicas de comunicação como apoio a toda a ação eclesial, bem como os pesquisadores e estudiosos, para que apoiem a formação na Igreja em relação à "nova cultura". Um dos destaques do documento é a celebração do Dia Mundial das Comunicações, recomendado pelo Concílio Vaticano II, cuja mensagem, em 1968, versou sobre o progresso dos povos.

A Igreja, no Concílio Vaticano II, pela primeira vez, acolhe os meios de comunicação e os considera como meios de evangelização, colocando-se no direito e no dever de assumi-los, mesmo tendo uma visão instrumental. É nesse sentido que vai a análise de Puntel, a respeito da comunicação: "Medellín apresenta uma visão instrumental a serviço do desenvolvimento da pastoral, especialmente quando afirma que os meios de comunicação 'são um imperativo dos tempos presentes para que a Igreja realize sua missão evangelizadora'" (Med 16,7).[15]

Todo o contexto da Conferência de Medellín teve em conta a realidade do continente latino-americano marcado pela pobreza. Sbardelotto aponta uma contradição, ao longo do capítulo 16, pois Medellín "não cita nenhuma vez 'pobre', uma categoria tão central para a reflexão do restante do documento". Por outro lado, o pesquisador traz a referência do Diretório de Comunicação da Igreja no Brasil (2014), que ressalta a "opção preferencial pelos pobres", dizendo respeito à prática comunicacional da Igreja.[16]

Sem dúvida alguma, a Conferência de Medellín traz uma contribuição ao pensamento e à prática comunicacional da Igreja, que deve ser lida e interpretada no contexto do documento e no contexto histórico, sabendo que a Igreja vai dando passos na compreensão e atualização do seu pensamento comunicacional.

---

[15] PUNTEL, Joana T. Meios de comunicação social. Princípios que não envelhecem. In: SOUZA, N. de; SBARDELOTTO, E. (org.), op. cit., p. 358.

[16] SBARDELOTTO, M. In: GODOY, M.; AQUINO JUNIOR, F. (org.), op. cit., p. 298.

Mensagens para o Dia Mundial das Comunicações Sociais
(Papa Paulo VI – 1967-1978)

1967 – Os meios de comunicação social

1968 – A imprensa, o rádio, a televisão e o cinema para o progresso dos povos

1969 – Comunicações sociais e família

1970 – As comunicações sociais e a juventude

1971 – Os meios de comunicação social a serviço da unidade dos homens

1972 – As comunicações sociais a serviço da vida

1973 – As comunicações sociais e a afirmação e promoção dos valores espirituais

1974 – As comunicações sociais e a evangelização no mundo contemporâneo

1975 – Comunicação social e reconciliação

1976 – As comunicações sociais diante dos direitos e deveres fundamentais do homem

1977 – A publicidade nas comunicações sociais: vantagens, perigos, responsabilidades

1978 – O receptor da comunicação social: expectativas, direitos e deveres

Papa João Paulo I
Albino Luciani
(26.8.1978–28.9.1978)

Capítulo 3
João Paulo I, "o papa do sorriso"

O Papa João Paulo I governou a Igreja por apenas 33 dias, de 26 de agosto a 28 de setembro de 1978, e escolheu o nome de João em homenagem a João XXIII e Paulo, em homenagem a Paulo VI. Não teve a oportunidade de elaborar uma mensagem para o Dia Mundial das Comunicações Sociais, mesmo assim, marcou presença com as orientações no campo da comunicação. Em 1º de setembro daquele ano, fez um discurso para a imprensa internacional, que se reuniu em Roma para os funerais do Papa Paulo VI e o conclave que o elegeu. Mencionamos esse discurso, como continuidade ao pensamento do Magistério da Igreja no campo da comunicação. Seu discurso, cheio de reconhecimento pelo trabalho da imprensa, dos seus predecessores, revela grande apreço ao serviço que a mídia presta para mostrar a vida e a ação da Igreja, revelando a amabilidade que lhe é característica: "Temos a felicidade de receber, logo na primeira semana do nosso pontificado, uma representação tão qualificada e numerosa do "mundo" das comunicações sociais, reunida em Roma por ocasião de dois acontecimentos que tiveram profundo significado para a Igreja Católica e para o mundo inteiro: a morte do nosso saudoso predecessor, Paulo VI, e o recente conclave em que foi imposto sobre os nossos humildes e frágeis ombros o peso formidável do serviço eclesial de Sumo Pastor".

Referindo-se ao serviço dos jornalistas, João Paulo I começa seu discurso agradecendo os sacrifícios e canseiras durante o mês de agosto para servir à opinião pública mundial, oferecendo "aos vossos leitores, ouvintes e telespectadores, com a rapidez e imediatismo que requerem a vossa responsável e delicada profissão, a possibilidade de participarem nestes acontecimentos históricos, na dimensão religiosa que tiveram e na profunda ligação que estabeleceram com os valores humanos e as expectativas da sociedade de hoje".

Manifesta gratidão pelo empenho de tornar conhecida à opinião pública a figura, o ensinamento, a obra e o exemplo de Paulo VI, e expressa reconhecimento pela atenta sensibilidade com que procuraram captar e traduzir, nos telegramas, comentários, imagens transmitidas de Roma, a expectativa da cidade e da Igreja Católica e de todo o mundo por um novo pastor, que assegurasse a continuidade da missão de Pedro.

João Paulo I participou do Concílio Vaticano II e logo recorda a herança sagrada que este Concílio deixou e os seus predecessores João XXIII e Paulo VI, "de querida e santa memória". Tudo isso desperta nele a promessa de uma atenção especial, franca, honesta, bem como uma eficaz colaboração aos profissionais que representam organismos de mídia, consciente da função cada vez mais importante que os meios de comunicação social foram assumindo na vida do homem moderno.

Menciona os riscos da massificação e do nivelamento, que podem prejudicar a vida das pessoas, entretanto, sua postura é positiva diante das possibilidades que os meios oferecem ao homem de hoje para melhor informar e tornar-se próximo dos semelhantes, para lhes auscultar mais claro o anseio de justiça, de paz e de fraternidade, para estabelecer com eles vínculos mais fundos de participação, de entendimento e de solidariedade, com vista a um mundo mais justo e mais humano. João Paulo I procura envolver os jornalistas, expressando seu pensamento a respeito da proposta de comunhão que a comunicação deve promover, quando diz que conhece a meta ideal para cada um que ali está, e, apesar das dificuldades e desilusões, orienta o seu esforço, para que, graças à "comunicação", possa chegar à mais verdadeira e satisfatória "comunhão". Ele assume essa meta como própria: "como bem podeis compreender, o coração do vigário, daquele que nos ensinou a invocar Deus, como Pai único e amoroso, de todos os seres humanos".

Depois de apreciar o trabalho da imprensa internacional, de agradecer por tudo o que ela fez, mesmo com o peso do dia a dia, é interessante observar o modo como pede a colaboração, recomendando cuidados com as notícias: "Ao darem-se acontecimentos de maior relevo ou publicarem-se importantes documentos da Santa Sé, devereis muitas vezes apresentar a Igreja e falar da Igreja, devereis às vezes comentar o nosso humilde ministério. Estamos certo de que o fareis com amor da verdade e com respeito da dignidade humana, porque tal é a finalidade de todas as comunicações sociais. Pedimo-vos, queirais contribuir, vós também, para salvaguardar na sociedade hodierna aquela profunda consideração pelas coisas de Deus e pela misteriosa relação entre Deus e cada um de nós, que forma a dimensão sagrada da realidade humana. Disponde-vos a compreender as razões profundas por que o papa, a Igreja e os seus pastores têm algumas vezes de pedir, no desempenho do próprio serviço apostólico, espírito de sacrifício, de generosidade e de renúncia, para se edificar um mundo de justiça, de amor e de paz".

E, antes de dar a bênção, mais uma vez confirma a estima com a profissão dos comunicadores: "Antes de dar a cada um de vós e as vossas famílias a nossa especial bênção, que desejaríamos tornar extensiva a todos os colaboradores dos organismos de informação que representais, agências, jornais, rádio e televisão, desejaríamos, por isso, certificar-vos da estima que temos da vossa profissão e do cuidado que teremos em facilitar a vossa nobre e difícil missão, no espírito das indicações do Decreto Conciliar *Inter Mirifica* e da Instrução Pastoral *Communio et Progressio*". E na sua bênção, mais uma vez, procura estabelecer uma vinculação: "Na certeza de conservarmos também no futuro o laço espiritual iniciado com este encontro, concedemos-vos de todo o coração a nossa bênção apostólica".

O Papa João Paulo I emitiu a primeira radiomensagem no domingo, 27 de agosto, véspera da sua morte, dirigindo-se a todo o mundo. Nela reconhece todo o trabalho dos seus antecessores, retoma o caminho do Concílio Vaticano II e expõe o programa de seu pontificado: "queremos prosseguir, sem paragens, a herança do Concílio Vaticano II, cujas normas sábias devem continuar a cumprir-se, velando para que um ímpeto, generoso talvez, mas incauto, não lhes deforme o conteúdo e o seu magnífico impulso de renovação e de vida; o significado, e também para que forças exageradamente moderadoras e tímidas não atrasem o seu magnífico impulso de renovação e de vida". Na íntegra: <www.vatican.va>.

Papa João Paulo II
Karol Wojtyla
(16.10.1978–2.4.2005)

Na nova cultura do computador, a Igreja pode informar mais rapidamente o mundo sobre o seu "credo" e explicar as razões de sua posição sobre cada problema ou acontecimento. (...) A Igreja deve, evidentemente, valer-se também dos novos recursos oferecidos pela pesquisa no campo da tecnologia do computador e do satélite para a sua sempre mais estimulante tarefa de evangelização (24º Dia Mundial das Comunicações – 1990).

Capítulo 4
João Paulo II: presença no nascente mundo da comunicação

O Papa João Paulo II, agora São João Paulo II, destacou-se em todas as nações como pessoa de comunicação da Igreja e, também, pelos seus ensinamentos na área da Comunicação. Esta sempre esteve no coração do pontífice, que, por vinte e sete anos, semeou sua visão progressiva sobre a comunicação e a manifestou em várias ocasiões, mas, especialmente, em suas mensagens para o Dia Mundial das Comunicações, desde o longínquo 1979 até 2005.

Deixou um legado importantíssimo de chefe da Igreja Católica, que gera em seus filhos atitudes de fé não somente em Deus, mas na potencialidade do homem, que continua a criação de Deus. João Paulo II, além de abrir-se e acompanhar as novas invenções no mundo da comunicação, percebe também sua influência, seu potencial para criar laços de solidariedade, de fraternidade, enfim, de que a comunidade humana, em uma nova cultura, se volte sempre mais para a paz, a união e o oferecimento dos valores permanentes que lembrem o ser humano que ele é filho de Deus.

Na visão de João Paulo II, voltada para a comunicação e demonstrada nas suas mensagens, revela-se a compreensão de que, para evangelizar, é preciso dialogar com a cultura de hoje. Sua insistência progressiva, nesse entendimento, teve consequências e se fez sentir na Igreja. Ao menos por parte de alguns, que passaram a dar a devida importância à comunicação, como algo indispensável para a evangelização.

Como se lembrasse e atualizasse as palavras do apóstolo Paulo aos Tessalonicenses: "Não vos canseis de fazer o bem" (2Ts 3,13), João Paulo II reflete sobre os desafios que se apresentam para a Igreja estar presente no mundo da comunicação. Faz parte de sua vocação enfatizar valores que, progressivamente, são esquecidos ou descurados pelos meios de comunicação. O olhar fixo em Jesus, entretanto, faz o papa prosseguir e lembrar-nos do que Jesus nos disse: "Eu estarei convosco até o fim dos tempos" (Mt 28,20).

Um carinho especial aos comunicadores, especialmente aos profissionais da comunicação, é ressaltado por João Paulo II em suas mensagens. Há sempre um grande afeto nas palavras do papa, incentivando os comunicadores a desenvolver o seu trabalho com dignidade, ética e responsabilidade. Também a internet havia chegado. João Paulo II a vê como instrumento necessário para a evangelização hodierna. Trata-se da "Evangelização diante de outra porta de entrada". Homem de mente aberta, o papa não esconde a sua preocupação pelo futuro. Compreende que estamos em uma nova época. Estimula e encoraja a usar as novas tecnologias na evangelização. Não faltam, porém, as recomendações de um pai amoroso.

No que tange à comunicação, João Paulo II escutou, amou, acreditou e, por vinte e sete anos, falou sobre o tema da comunicação. Fielmente. Progressivamente. Na admiração dos dons de Deus e fruto da inteligência humana. Na exortação. No apontar os caminhos do bem. Na solicitude de colocar a comunicação a serviço do homem, para a glória de Deus, o Criador. Para construir a fraternidade e solidariedade da família humana. Foram vinte e sete anos de construção. Cuidado. Ternura. Acolhimento. Zelo. Novos horizontes para a evangelização. Reflexão sobre as novas portas de entrada para a luz de Deus. Diálogo. Promoção da justiça, da paz.

Percorrendo as mensagens para o Dia Mundial das Comunicações (1979-2005), colhemos que, no segredo do coração de João Paulo II, estava a comunicação.[1]

---

[1] Nesta obra, percorremos somente pontos relevantes das mensagens para o Dia Mundial das Comunicações, embora João Paulo II tivesse uma relação intensa com a mídia, além de ter falado, também, sobre a comunicação em outros documentos, durante o seu pontificado.
Importante lembrar que foi durante o seu pontificado que o Pontifício Conselho para as Comunicações (Vaticano) publicou os documentos: *Pornografia e Violência nas Comunicações Sociais – uma Resposta Pastoral* (1989); *Redemptoris Missio* (Papa João Paulo II, 1990); *Aetatis Novae* (1992); *Ética da Publicidade* (1997); *Ética nas Comunicações Sociais* (2000); *Igreja e Internet* e *Ética e Internet* (2002); *O Rápido Desenvolvimento* (Papa João Paulo II, 2005).

A Igreja comprometida no mundo das comunicações[2]

Com o Concílio Vaticano II, e depois o magistério, a Igreja reconheceu claramente a grande importância dos *mass media* no desenvolvimento da pessoa humana: no plano da informação, da formação, do amadurecimento cultural, além da diversão e do emprego do tempo livre. A Igreja também foi explícita em reconhecer que os meios de comunicação são *instrumentos* a serviço do homem e do bem comum, *meios*, e não *fins*.[3]

Como a sabedoria e o discernimento dos anos passados nos ensinam, "Deus falou à humanidade segundo a cultura própria de cada época. Igualmente a Igreja, vivendo no correr dos séculos em condições diversas, usou os recursos das diferentes culturas para difundir e explicar a mensagem de Cristo" (*Gaudium Et Spes*, n. 58).

> O primeiro anúncio, a catequese ou o aprofundamento posterior da fé não podem desprezar os meios [de comunicação social]. [...] *A Igreja sentir-se-ia culpada diante do seu Senhor se não empregasse estes meios poderosos que a inteligência humana torna cada dia mais aperfeiçoados. Servindo-se deles a Igreja "prega sobre os telhados" a mensagem da qual é depositária* (Paulo VI, *Evangelii Nuntiandi*, n. 45).[4]

A Igreja não pode deixar de estar cada vez mais profundamente comprometida no nascente mundo das comunicações. A rede global das comunicações cresce e torna-se cada vez mais complexa, e os *mass media* têm um efeito sempre mais visível sobre a cultura e a sua transmissão. Na expansão e no progresso contínuo dos *mass media*, pode-se vislumbrar um "sinal dos tempos", que é um potencial imenso de compreensão universal e um reforço de premissas para a paz e a fraternidade entre os povos (1981).

---

[2] Para as considerações das mensagens de João Paulo II, servimo-nos de trechos pesquisados e publicados na obra de Joana T. Puntel: *A comunicação nos passos de João Paulo II*. São Paulo: Paulinas, 2012.

[3] Na presente obra, fazemos uso das palavras literais de João Paulo II, em suas mensagens, fazendo a devida concordância para o desenvolvimento da reflexão, assinalando somente o ano para a devida consulta de quem o desejar.

[4] Ao longo das vinte e sete mensagens, João Paulo II cita cinco vezes esse trecho da *Evangelii Nuntiandi*, demonstrando a unidade e continuidade de pensamento do Magistério da Igreja. A ênfase é minha.

Recordamos as palavras de Jesus aos seus primeiros discípulos: "O que vos digo na escuridão, repito-o à luz do dia, e o que escutais em segredo, proclamai-o sobre os telhados" (Mt 10,27). No segredo do nosso coração, diz João Paulo II, escutamos a verdade de Jesus; agora, devemos proclamar esta verdade sobre os telhados.

No mundo hodierno, os telhados são quase sempre caracterizados por uma floresta de transmissores e de antenas que envia e recebe mensagens de todos os tipos, para e dos quatro recantos da terra. É vitalmente importante assegurar que entre essas inúmeras mensagens a Palavra de Deus seja escutada. Proclamar hoje a fé sobre os telhados significa anunciar a palavra de Jesus no e através do mundo dinâmico das comunicações (2002).

Reconhecendo, entretanto, as enormes possibilidades dos *mass media*, a Igreja sempre acrescentou, junto com uma avaliação positiva, um chamado de atenção para considerações que não ficassem somente numa óbvia exaltação, mas fizessem refletir e considerar que a força de sugestão destes "meios" teve, tem e terá influências particulares sobre o homem, pelas quais sempre teve a maior consideração. O homem, também nos contatos com os *mass media*, é chamado a ser ele mesmo: isto é, livre e responsável, "usuário" e não "objeto", "crítico" e não "submisso" (1981).

Na verdade, as comunicações sociais constituem uma plataforma de trocas e de diálogo que pode responder a uma viva preocupação do meu pontificado, contribuir para uma passagem – na promoção da paz através da justiça – de um equilíbrio de terror a uma estratégia de confiança (1987).

O mundo da comunicação social está hoje empenhado num vertiginoso, complexo e imprevisível desenvolvimento: já se fala de uma *época tecnotrônica*, para indicar a crescente interação entre tecnologia e eletrônica – e está imerso em não poucos problemas, ligados com a elaboração de uma *nova ordem mundial* da informação e da comunicação, em relação com as perspectivas amplas do emprego dos satélites e da superação das barreiras do céu. Trata-se de uma revolução que comporta não só uma mudança nos sistemas e nas técnicas de comunicação, mas envolve todo o universo cultural, social e espiritual da pessoa humana (1985).

Referindo-se aos ensinamentos do Concílio Vaticano II, cita o documento *Gaudium et Spes* (n. 5), em que os padres conciliares, olhando para o futuro e buscando discernir o contexto no qual a Igreja foi chamada a realizar a sua missão, puderam ver claramente que o progresso da tecnologia estava já "transformando a face da terra", chegando até a conquistar o espaço. Reconheceram que os progressos da tecnologia das comunicações, especialmente, eram de tais proporções, que provocavam reações em cadeia com consequências imprevisíveis. E longe de querer sugerir que a Igreja deva manter-se a distância ou procurar isolar-se do fluxo desses acontecimentos, viram que ela está no coração do progresso humano, partícipe das experiências do resto da humanidade, para procurar compreendê-las e interpretá-las à luz da fé. É próprio dos fiéis do povo de Deus o dever de fazer uso criativo das novas descobertas e tecnologias para o bem da humanidade, e a realização do desígnio de Deus para o mundo (1990).

O reconhecimento das mudanças rápidas e esta abertura aos novos desenvolvimentos mostraram-se exatos nos anos seguintes, porque os ritmos da mudança e do desenvolvimento foram se acelerando ainda mais. Hoje, por exemplo, não se pensa ou não se fala mais de comunicações sociais como simples instrumentos ou tecnologias. São, antes, consideradas como parte de uma cultura sempre em evolução, cujas implicações ainda não se veem com precisão e cujas potencialidades são, no momento, só parcialmente desfrutadas. Este é o fundamento das nossas reflexões sobre este 24º Dia Mundial das Comunicações Sociais (1990). Cada dia que passa torna-se sempre mais realidade o que há alguns anos era somente uma visão. Uma visão que previa a possibilidade de um diálogo concreto entre povos longínquos, de um intercâmbio universal de ideias e aspirações, de um crescimento no conhecimento e na compreensão recíprocos, de um fortalecimento da fraternidade, muito além das muitas barreiras no momento insuperáveis.

Com o advento das telecomunicações computadorizadas e dos chamados sistemas computadorizados de participação, foram oferecidos à Igreja outros meios para o cumprimento de sua missão. Métodos de comunicação agilizada e de diálogo entre os seus mesmos membros podem fortalecer os liames de unidade entre si. O acesso imediato à informação permite à Igreja aprofundar o diálogo com o mundo contemporâneo. Na nova cultura do computador, a Igreja pode informar mais rapidamente o mundo sobre o seu "credo" e explicar as razões de sua posição sobre cada problema ou acontecimento. Pode escutar mais claramente a voz da opinião pública, e entrar num debate contínuo com o mundo que a cerca, empenhando-se, assim, mais tempestivamente, na busca comum de soluções dos muitos e urgentes problemas da humanidade.

A Igreja deve, evidentemente, valer-se também dos novos recursos oferecidos pela pesquisa no campo da tecnologia do computador e do satélite, para a sua sempre mais estimulante tarefa de evangelização. A mensagem vital e mais urgente da Igreja diz respeito ao conhecimento de Cristo e ao caminho de salvação que ele oferece. É isso que a Igreja deve apresentar às pessoas de qualquer idade, convidando-as a abraçar o Evangelho com amor, sem esquecer que "a verdade não se impõe senão pela forma da mesma verdade, que penetra as mentes suavemente e ao mesmo tempo com vigor" (*Dignitatis Humanae*, n. 1).

Certamente devemos ser agradecidos à nova tecnologia que nos permite armazenar a informação em vastas memórias artificiais criadas pelo homem, fornecendo, assim, um amplo e imediato acesso aos conhecimentos, que são o nosso patrimônio humano, à tradição e ao ensinamento da Igreja, às palavras da Sagrada Escritura, aos ensinamentos dos grandes mestres da espiritualidade, à história e às tradições das Igrejas locais, das ordens religiosas e dos institutos seculares, bem como às ideias e experiências de precursores e inovadores cujas intuições dão um testemunho contínuo da presença fiel, no nosso meio, de um Pai amoroso que tira do seu tesouro coisas novas e velhas (cf. Mt 13,52) (1990).

Há muito tempo a Igreja considera que os meios de comunicação (imprensa, rádio, televisão e cinema) devem ser considerados "dons de Deus" (cf. Pio XII, *Miranda Prorsus*). Hoje, a humanidade dispõe de meios como os satélites, computadores, videogravadores e métodos de transmissão e de informação sempre mais avançados. A finalidade desses novos dons é a mesma dos meios de comunicação mais tradicionais: aproximar-nos uns dos outros, mais intimamente, na fraternidade e na compreensão mútua, e ajudar-nos a progredir na busca de nosso destino humano, como amados filhos e filhas de Deus (1991).

A Igreja não pode ignorar as mudanças, muitas e sem precedentes, causadas pelo progresso nesse importante e onipresente aspecto da vida moderna. Cada um de nós deve perguntar-se sobre a sabedoria necessária para aproveitar as oportunidades que o desenvolvimento da tecnologia moderna da comunicação oferece ao serviço de Deus e do seu povo, reconhecendo, ao mesmo tempo, os desafios que o progresso impõe, inevitavelmente (1993).

Nunca se deve esquecer que a comunicação transmitida através dos meios de comunicação social não é um exercício utilitarista, com a simples finalidade de solicitar, persuadir ou vender. Ela também não é um veículo para ideologias. Os meios de comunicação social, por vezes, podem reduzir os seres humanos a unidades de consumo ou a grupos de interesse em competição entre si, ou manipular telespectadores, leitores e ouvintes como meras cifras das quais se esperam vantagens, quer elas estejam relacionadas com um apoio de tipo político ou com a venda de produtos; são estes fatos que destroem a comunidade. A comunicação tem a tarefa de unir as pessoas e de enriquecer a sua vida, e não de as isolar e explorar. Os meios de comunicação social, se forem usados de maneira correta, podem contribuir para criar e manter uma comunidade humana baseada na justiça e na caridade, e, à medida que o fazem, tornam-se sinais de esperança.

Referindo-se à preparação para o Jubileu que se celebrou no ano 2000, João Paulo II se expressou, em 1997: talvez uma das mais lindas ofertas que poderemos oferecer a Jesus Cristo, no aniversário do seu nascimento, seria que a Boa-Nova fosse finalmente dada a conhecer a todas as pessoas no mundo – antes de tudo, através do testemunho do exemplo cristão, mas também através da mídia: "Comunicar Jesus Cristo: Caminho, Verdade e Vida". Seja este o desejo e o empenho de todos os que professam a singularidade de Jesus Cristo, fonte de vida e de verdade (cf. Jo 5,26; 10,10 e 28) e dos que têm o privilégio e a responsabilidade de trabalhar no vasto e influente mundo das comunicações sociais.

Os desafios não devem "nos cansar de fazer o bem"

Consciente dos desafios que o mundo das comunicações apresenta, João Paulo II foi explícito em apontá-los. Mas corajoso em incentivar a presença cristã, recordando Paulo VI: "A Igreja viria a sentir-se culpável diante do seu Senhor, se não lançasse mão destes meios potentes que a inteligência humana torna cada dia mais aperfeiçoados" (EN n. 45).

Assim, acreditando que os meios de comunicação são o ingresso de todo homem e mulher à praça moderna do mercado, onde se expressam publicamente os pensamentos (RM, n. 37c) (1992), vemos em João Paulo II o cumprimento das palavras de São Paulo aos Tessalonicenses: "Não vos canseis de fazer o bem" (2Ts 3,13).

Com a mente e o sentir inculturados, João Paulo II valeu-se muitas vezes do mesmo tema proclamado anualmente pela Organização das Nações Unidas (ONU), para que o convite a uma reflexão comum a ser feita pela sociedade se expandisse também no mundo das comunicações, numa visão cristã. Assim, o pontífice dedicou o tema de suas mensagens às crianças (1979); às comunicações sociais e ao problema dos idosos (1982); ao ano internacional da juventude; ao ano da família.[5]

"Não tenhais medo"

Os meios de comunicação social são de fato o novo *"Areopagus"* do mundo de hoje, um grande fórum que, empenhando-se da melhor maneira, torna possível o intercâmbio de informações autênticas, de ideias construtivas, de valores sadios e que, dessa forma, cria comunidade. Por sua vez, isso é um desafio para a Igreja, no seu contato com as comunicações, não só a utilizar os meios de comunicação para difundir o Evangelho, mas também a inserir a mensagem evangélica na "nova cultura" criada pela moderna comunicação, com as suas "novas linguagens", novas técnicas e novas atitudes psicológicas" (*Redemptoris Missio*, n. 37c) (1998).

Ainda em 1988, João Paulo II se pergunta se as tendências que se apresentam no setor da comunicação de massa nos autorizam a nutrir esperança. Mas ele mesmo conclui: aos corações perturbados pelos riscos das novas tecnologias da comunicação, eu responderia: "Não tenhais medo". Não ignoramos a realidade na qual vivemos, mas a lemos mais profundamente. Identificamos, à luz da fé, os sinais autênticos dos tempos. A Igreja, preocupada com o homem, conhece a aspiração profunda do gênero humano à fraternidade e à solidariedade, aspiração muitas vezes frustrada, desfigurada, mas indestrutível porque gravada no coração do homem pelo mesmo Deus, que criou nele a exigência da comunicação e da capacidade para desenvolvê-la em escala planetária.

Por conseguinte, às vezes o mundo dos *mass media* pode parecer um ambiente não mais amistoso para a evangelização do que o mundo pagão do tempo dos apóstolos. Mas, do mesmo modo que as primeiras testemunhas da Boa-Nova não se retiraram quando se encontraram diante de oposições, assim também os seguidores de Cristo não o deviam fazer hoje. O brado de São Paulo ainda ecoa entre nós: "Ai de mim se eu não evangelizar!" (1Cor 9,16).

---

[5] Ao longo das mensagens de João Paulo II, os temas família, jovens, crianças, idosos, paz, necessidade dos pais serem educadores, a formação do senso crítico, são frequentemente abordados pelo pontífice, sinal do grande desafio que entrelaça o ser humano no mundo da comunicação.

Por mais que o mundo dos *mass media* possa, às vezes, parecer separado da mensagem cristã, ele também oferece oportunidades singulares para a proclamação da verdade salvífica de Cristo à inteira família humana. Considerem-se, por exemplo, as transmissões "satelitares" das cerimônias religiosas que com frequência atingem um auditório global, ou as capacidades positivas da internet de transmitir informações religiosas e ensinamentos para além de todas as barreiras e fronteiras. Um auditório tão vasto estaria além das imaginações mais ousadas daqueles que anunciaram o Evangelho antes de nós. Portanto, no nosso tempo é necessário que a Igreja se empenhe de maneira ativa e criativa nos *mass media*. Os católicos não deveriam ter medo de abrir as portas da comunicação social a Cristo, de tal forma que a sua Boa-Nova possa ser ouvida sobre os telhados do mundo! (2002).

Entretanto, é preciso, perguntar-se: Os *mass media* respondem de fato às expectativas que neles são postas, como fatores que favorecem a realização do homem na sua "liberdade responsável"? (1981). Como esses meios se expressam ou são empregados para a realização do homem na sua liberdade e como a promovem? Os meios de comunicação, de fato, apresentam-se como realidade da "força expressiva", e muitas vezes, sob certos aspectos, como "imposição", não podendo o homem de hoje criar ao seu redor o vazio, nem se entrincheirar no isolamento, porque equivaleria a privar-se de contatos dos quais não pode prescindir (1981).

A recente explosão das tecnologias da informação gerou a possibilidade – que jamais foi tão grande – de comunicação entre indivíduos e grupos em todas as partes do mundo. Paradoxalmente, as mesmas forças que podem contribuir para o melhoramento da comunicação, podem levar, de igual modo, ao aumento do isolamento e à alienação. A nossa época é, por conseguinte, um *tempo de ameaças e de promessas* (1999).

Nesse sentido, João Paulo II convida a refletir que, enquanto outrora eram os *mass media* que apresentavam os eventos, agora os acontecimentos são com frequência modelados a fim de corresponder aos requisitos dos meios de comunicação. Assim, a relação entre a realidade e os *mass media* tornou-se mais complicada, e este é um fenômeno profundamente ambivalente. Por um lado, ele pode matizar a distinção entre verdade e ilusão; mas, por outro, pode criar oportunidades sem precedentes para tornar a verdade mais vastamente acessível a um maior número de pessoas. A tarefa da Igreja consiste em assegurar que é a segunda eventualidade que realmente se verifica.

Pois, a verdade nunca deve ser manipulada, nunca descuidada a justiça, nunca esquecido o amor, se quisermos corresponder às normas deontológicas que, esquecidas ou descuidadas, produzem partidarismo, escândalo, submissão aos poderosos ou concessões à razão de Estado! Não será a Igreja a que vai sugerir abrandamentos ou disfarces para a verdade, mesmo que seja dura: a Igreja, exatamente porque é "perita em humanidade", não se deixa influenciar por um otimismo ingênuo, mas prega a esperança e não se compraz com o escândalo. Porém, exatamente porque respeita a verdade, não pode deixar de notar que certos modos de gerir os *mass media* são pretexto diante da verdade e deletérios diante da esperança (1981).

Família, uma preocupação emergente

Quanto às relações entre os *mass media* e a família, é já difícil encontrar uma casa onde não tenha entrado pelo menos um dos instrumentos de comunicação. Enquanto, até há poucos anos, a família era formada por pais e filhos e por qualquer outra pessoa ligada por laços de parentesco ou por qualquer trabalho doméstico, hoje, em certo sentido, o círculo abriu-se à "companhia" mais ou menos habitual de anunciadores, atores, comentadores políticos e desportistas e, também, às visitas de personagens importantes e famosas, pertencentes a profissões, ideologias e nacionalidades diversas.

É este um dado de fato, que oferece extraordinária oportunidade, mas que esconde também insídias e perigos a não descuidar. A família sente hoje tensões e a crescente desorientação, características da vida social no seu conjunto. Vieram a faltar alguns fatores de estabilidade, que lhe asseguravam, no passado, uma sólida coesão interior e lhe consentiam – graças a uma completa comunhão de interesses e necessidades e, também, a uma convivência frequentemente não interrompida nem sequer pelo trabalho – desempenhar um papel decididamente dominante na função educativa e socializante.

Nessa situação de dificuldades e, às vezes, até de crises, os meios de comunicação social intervêm muitas vezes como fatores de novo mal-estar. As mensagens que eles transmitem não raro apresentam uma visão deformadora da natureza da família, da sua fisionomia e do seu papel educativo. Além disso, podem introduzir, entre os seus componentes, hábitos negativos de fruição distraída e superficial dos programas oferecidos, de indiferente passividade perante os seus conteúdos, de renúncia ao conforto recíproco e ao diálogo construtivo. Em particular, mediante os modelos de vida que eles apresentam, com a sugestiva eficácia da imagem, das palavras e dos sons, tendem a substituir-se à família nas tarefas de iniciar a percepção e a assimilação dos valores existenciais (1980/1991/1994).

Outra insistência do pontífice, nas suas mensagens, desde 1984, é sobre a fé e cultura, *chamadas a encontrar-se e a interagir exatamente no terreno da comunicação*: a realização efetiva do encontro e da interação, como também sua intensidade e eficácia, dependem muito da idoneidade dos instrumentos através dos quais tem lugar a comunicação. A imprensa, o cinema, o teatro, o rádio, a televisão, com a evolução que cada um destes meios sofreu no curso da história, nem sempre se revelaram adequados para o encontro entre fé e cultura. A cultura do nosso tempo, especialmente, parece dominada e plasmada pelos mais novos e poderosos entre os meios de comunicação – o rádio e, sobretudo, a televisão –, tanto que, por vezes, parecem impor-se como fins e não como simples meios, também pelas características de organização e de estrutura que exigem.

Esse aspecto dos modernos *mass media*, no entanto, não deve fazer esquecer que se trata, sempre, de meios de comunicação e que, por sua natureza, é sempre *comunicação de alguma coisa*: o conteúdo da comunicação, portanto, é sempre determinante e tal que qualifica a mesma comunicação. Sobre os conteúdos sempre se recomendou o senso de responsabilidade dos comunicadores, como também o senso crítico dos receptores.

Certos aspectos ilusórios do uso dos modernos *mass media* não devem fazer esquecer que eles, com o seu conteúdo, podem tornar-se maravilhosos instrumentos para a difusão do Evangelho, adaptados aos tempos, em condições de atingir até as regiões mais longínquas da terra. Especialmente, podem ser de grande ajuda na catequese, como lembrei na Exortação Apostólica *Catechesi Tradendae* (n. 46).

Formação da opinião pública conforme à verdade e ao bem

Já em 1986, lembrando a *Gaudium Et Spes* (n. 82), João Paulo II exorta para a "necessidade urgente de uma educação renovada dos ânimos e de uma nova orientação da opinião pública", de cuja formação os meios de comunicação são os principais fatores.

É necessária a formação de uma forte opinião pública em favor da solução dos angustiantes problemas da justiça social, da fome e do subdesenvolvimento. É preciso que estes problemas sejam hoje mais bem conhecidos em sua tremenda realidade e gravidade, que se crie uma forte e vasta opinião pública em seu favor, porque somente sob a vigorosa pressão desta os responsáveis políticos e econômicos dos países ricos serão induzidos a ajudar os países em via de desenvolvimento.

Especialmente urgente é a formação de uma opinião pública no campo moral e religioso. Com a finalidade de pôr um dique à difusão de uma mentalidade favorável ao permissivismo moral e à indiferença religiosa, é preciso formar uma opinião pública que respeite e aprecie os valores morais e religiosos, enquanto tornam o homem plenamente "humano" e dão plenitude de sentido à vida. O perigo do niilismo, isto é, a perda dos valores mais propriamente humanos, morais e religiosos, precipita-se como uma ameaça sobre a humanidade de hoje (1986).

Uma opinião pública correta deve ser formada, depois, sobre a natureza, a missão e a obra da Igreja, vista por muitos, hoje, como uma estrutura simplesmente humana e não, como realmente é, como realidade misteriosa que encarna na história o amor de Deus e leva aos homens a palavra e a graça de Cristo.

No mundo atual os meios de comunicação social, em sua múltipla variedade – imprensa, cinema, rádio, televisão –, são os principais fatores da opinião pública. É grande, por isso, a responsabilidade moral de todos os que se servem destes meios ou são seus inspiradores. Esses meios devem ser postos a serviço do homem e, portanto, da verdade e do bem, que são os valores mais importantes e necessários do homem. Os que trabalham profissionalmente no campo da comunicação social devem sentir-se empenhados em formar e difundir opiniões públicas conformes à verdade e ao bem.

Em tal esforço devem distinguir-se os cristãos, bem conscientes de que, contribuindo para formar opiniões públicas favoráveis à justiça, à paz, à fraternidade, aos valores religiosos e morais, colaboram não pouco para a difusão do Reino de Deus, que é reino de justiça, de verdade e de paz. Na mensagem cristã que é dirigida ao bem e à salvação do homem, eles podem buscar inspiração para ajudar os seus irmãos a formar opiniões corretas e justas, porque conformes ao plano de amor e de salvação para o homem, que Deus revelou e tornou realidade em

Jesus Cristo. A fé cristã e o ensinamento da Igreja, exatamente porque fundamentados em Cristo, Caminho, Verdade e Vida, são luz e força para os homens na sua caminhada histórica.

A consciência de que os meios de comunicação que estamos celebrando recordam-nos constantemente das limitações da nossa condição humana, da presença do mal nos indivíduos e na sociedade, da violência insensata e da injustiça que os seres humanos exercem um contra o outro, com inumeráveis pretextos, nos levam a, novamente, repetir "não tenhais medo". Diante dos meios de comunicação frequentemente nos encontramos na posição de espectadores indefesos, que assistem a atrocidades cometidas em todo o mundo, por causa de rivalidades históricas, de preconceitos raciais, de desejos de vingança, da sede de poder, da avidez de possuir, do egoísmo, da falta de respeito pela vida humana e pelos direitos humanos. Os cristãos lamentam esses fatos e as suas motivações. Mas são chamados a fazer muito mais; devem esforçar-se para vencer o mal com o bem (cf. Rm 12,21).

A resposta cristã ao mal é, antes de tudo, escutar atentamente a Boa-Nova e tornar sempre mais presente a mensagem de salvação de Deus em Jesus Cristo. Os cristãos têm a "Boa-Nova" para anunciar a mensagem de Cristo; e a sua alegria é partilhar esta mensagem com cada homem ou mulher de boa vontade que esteja preparado para escutar (1992).

Nesse sentido, João Paulo II incentiva a todos a expressarem suas legítimas preocupações aos produtores e aos responsáveis pelos meios de comunicação social. Às vezes, será útil unir-se a outros, formando associações que representem os seus interesses, em relação aos meios de comunicação, aos financiadores, aos patrocinadores e às autoridades públicas.

Educação crítica: um grande desafio

Devemo-nos perguntar, especialmente na circunstância desse "Dia", se a própria "ação pastoral" conseguiu levar a bom termo tudo o que lhe foi pedido no setor dos *mass media*! A propósito, convém lembrar, além do documento *Communio Et Progressio*, também o que se disse no Sínodo dos Bispos em 1977 – ratificado pela Exortação Apostólica *Catechesi Tradendae* – e o que foi levantado no Sínodo dos Bispos sobre os problemas da família, concluído em outubro de 1980 (1981).

O que fizeram a teologia e a prática pastoral, a organização da catequese, a escola – especialmente a escola católica –, as associações e os grupos católicos, concretamente, com respeito a esse ponto nuclear?

É preciso que se intensifique a ação direta na formação de uma consciência "crítica", que incida sobre as atitudes e os comportamentos não somente dos católicos ou dos irmãos cristãos – defensores, por convicção ou por missão, da liberdade e da dignidade da pessoa humana –, mas de todos os homens e mulheres, adultos e jovens, para que saibam verdadeiramente "ver, julgar e agir" como pessoas livres e responsáveis, também – diria sobretudo – na produção e nas escolhas que digam respeito aos meios de comunicação social (1981).

O Pentecostes é apenas o começo. Mesmo quando ameaçados por represálias, os apóstolos não deixaram de proclamar o Senhor: "Quanto a nós, não podemos deixar de afirmar o que vimos e ouvimos" (At 4,20), afirmam Pedro e João perante o Sinédrio. Na realidade, até mesmo os julgamentos se tornam instrumentos para a missão: quando uma violenta perseguição se desencadeia em Jerusalém, após o martírio de Santo Estêvão, obrigando os seguidores de Cristo a fugir, "os que tinham sido dispersos foram de aldeia em aldeia, anunciando a palavra da Boa-Nova" (At 8,4).

Sem dúvida, uma resposta efetiva a essa situação compromete não só os meios de comunicação; contudo, ao lutarem para enfrentar esse desafio, os cristãos não podem absolutamente ignorar o mundo das comunicações sociais. Com efeito, os *mass media* de todos os tipos podem desempenhar um papel essencial na evangelização direta e na transmissão aos povos das verdades e dos valores que salvaguardam e enobrecem a dignidade humana. A presença da Igreja nos *mass media* é efetivamente um importante aspecto da inculturação do Evangelho, exigida pela nova evangelização, para a qual o Espírito Santo está a exortar a Igreja no mundo inteiro.

Enquanto toda a Igreja procura prestar atenção ao chamamento do Espírito, os comunicadores cristãos têm "uma tarefa profética, uma vocação: falar contra os falsos deuses e ídolos do nosso tempo – materialismo, hedonismo, nacionalismo exasperado, etc." (*Ética nas Comunicações*, n. 31). Sobretudo, eles têm o dever e o privilégio de declarar a verdade – a verdade gloriosa acerca da vida humana e do destino do homem, revelado no Verbo que se fez homem. Oxalá os católicos comprometidos no mundo das comunicações sociais anunciem a verdade de Jesus cada vez mais corajosa e impavidamente sobre os telhados, de tal maneira que todos os homens e mulheres possam ouvir falar do amor que está na autocomunicação de Deus em Jesus Cristo, o mesmo ontem, hoje e para toda a eternidade (cf. Hb 13,8) (2002).

Encontro entre fé e cultura

Um dos pontos fundamentais abordados por João Paulo II em suas mensagens e, em especial, na reflexão para o 23º Dia Mundial das Comunicações, é no que diz respeito "às comunicações sociais, instrumento de encontro entre fé e cultura" (1984). Cultura, fé, comunicação, afirma o papa, são três realidades entre as quais se estabelece uma relação da qual depende o futuro de nossa civilização, chamada a expressar-se sempre mais completamente em sua dimensão planetária.

Em uma belíssima explanação, o pontífice explica que a *cultura* é um modo específico do existir e do ser do homem. Cria entre as pessoas de uma comunidade uma série de liames, determinando o caráter inter-humano e social da existência humana. O homem é o sujeito e o artífice da cultura, e nela se expressa e nela encontra o seu equilíbrio. E que a *fé* é o encontro entre Deus e o homem: o homem responde com a fé a Deus que na história revela e realiza o seu plano de salvação, orientando a própria vida na direção dessa mensagem (cf. Rm 10,9; 2Cor 4,13): a fé é um dom de Deus ao qual deve corresponder a decisão do homem. Mas, se a cultura é o caminho especificamente humano para aproximar-se sempre mais do ser e se, por outro lado, na fé o homem se abre ao conhecimento do Ser supremo, à imagem e semelhança de quem foi criado (cf. Gn 1,26), não há quem não veja a profunda relação que existe entre uma e outra experiência humana (1984).

O papa compreende, então, que fé e cultura são chamadas a encontrar-se e a interagir exatamente no terreno da comunicação: a realização efetiva do encontro e da interação, como também sua intensidade e eficácia, dependem muito da idoneidade dos instrumentos através dos quais tem lugar a comunicação.

Entretanto, observa João Paulo II, a imprensa, o cinema, o teatro, o rádio, a televisão, com a evolução que cada um destes meios sofreu no curso da história, nem sempre se revelaram adequados para o encontro entre fé e cultura. A cultura do nosso tempo, especialmente, parece dominada e plasmada pelos mais novos e poderosos entre os meios de comunicação – o rádio e, sobretudo, a televisão –, tanto que, por vezes, parecem impor-se como fins e não como simples meios, também pelas características de organização e de estrutura que exigem (1984).

Mas, mesmo que se constatem certos aspectos ilusórios do uso dos modernos *mass media*, isso não deve fazer esquecer que eles, com o seu conteúdo, podem tornar-se maravilhosos instrumentos para a difusão do Evangelho, adaptados aos tempos, em condições de atingir até as regiões mais longínquas da terra. Especialmente, podem ser de grande ajuda na catequese, como lembrei na Exortação Apostólica *Catechesi Tradendae* (n. 46) (1984).

Assim, os que se utilizam dos meios de comunicação social para a evangelização, podem também contribuir para construir um tecido cultural no qual o homem, consciente de seu relacionamento com Deus, torna-se mais homem; tenha, pois, mais consciência da sua alta missão; tenha a necessária competência profissional e sinta a responsabilidade de transmitir a mensagem evangélica em sua pureza e integridade, não confundindo a doutrina divina com a opinião dos homens (1984).

O apelo do papa, nesse ponto, se torna insistente e se dirige aos operadores da comunicação, para que "não zombem", "não ignorem" os valores religiosos. E que a informação seja sempre inspirada em critérios de verdade e de justiça. E conclui numa palavra: empenhem-se em promover uma cultura que vise verdadeiramente ao homem, conscientes de que, fazendo assim, facilitarão o encontro com a fé, da qual ninguém deve ter medo. E termina a mensagem convidando cada um, no próprio papel, a se empenhar por fazer com que as comunicações sociais sejam instrumentos sempre mais eficazes de encontro entre fé e cultura.

Comunicadores. Eles sempre estiveram no coração do papa

No Jubileu para os jornalistas – 4 de junho de 2000, justamente no Ano do Jubileu – o testemunho ocular da autora revela a sensibilidade de João Paulo II, no encontro com aproximadamente 4 mil jornalistas, no auditório Paulo VI, em Roma.

Vi João Paulo II entrando no auditório, já bastante alquebrado, e, num gesto inesquecível, rodeava sua bengala no ar, para saudar os jornalistas que, em pé, o aplaudiam. Senti maior comoção ainda, quando, talvez pela primeira vez, a Igreja agradecia o trabalho dos comunicadores de uma forma tão solene e gratuita.

E disse João Paulo II:

Desejei ardentemente este encontro convosco, queridos jornalistas, não somente pela alegria de acompanhar o vosso caminho jubilar, como estou fazendo com muitos outros grupos, mas também pelo desejo de cumprir uma dívida pessoal de gratidão aos inumeráveis profissionais que, ao longo dos anos do meu pontificado, se prodigalizaram em vista de fazer conhecer palavras e fatos do meu ministério. Por todo este empenho, pela objetividade e amabilidade que caracterizaram uma boa parte deste serviço, estou profundamente grato e peço ao Senhor que conceda a cada um a propícia recompensa (Discurso proferido em 4/6/2000).

Percorrendo as mensagens de João Paulo II para o Dia Mundial das Comunicações, na fidelidade de vinte e sete anos, os comunicadores, profissionais da comunicação, operadores da comunicação (nas mais diversas expressões), sempre estiveram presentes na atenção, na orientação para os seus deveres como profissionais da comunicação. E sobretudo com muito amor: "A minha especial bênção apostólica vai hoje para todos os que trabalham no campo das comunicações sociais" (1980). Eles sempre estiveram no coração do papa.

Referindo-se às famílias, na compreensão dos valores em meio às transformações da sociedade, disse: é óbvio que, neste delicado esforço, as famílias devem poder contar, em não pequena medida, com a boa vontade, a retidão e o sentido de responsabilidade dos profissionais dos *media* – editores, escritores, produtores, diretores, dramaturgos, informadores, comentadores e atores, categorias, todas estas, em que é dominadora a presença dos leigos. A todos estes, homens e mulheres, quero repetir o que disse no ano passado, durante uma das minhas viagens: "As grandes forças que dominam o mundo – política, *mass media*, ciência, tecnologia, cultura, educação, indústria e trabalho – são precisamente os setores nos quais os leigos são especificamente competentes para exercer a sua missão" (Limerick, 1º de outubro de 1979).

Não há dúvida de que os *mass media* constituem hoje uma das grandes forças que governam o mundo e que, nesse setor, um número crescente de pessoas, bem-dotadas e altamente preparadas, é chamado a encontrar o próprio trabalho e a possibilidade de exercitar a própria vocação. A Igreja pensa nelas com afeto solícito e respeitoso e reza por elas. Poucas profissões requerem tanta energia, dedicação, integridade e responsabilidade como esta, mas, ao mesmo tempo, são poucas as profissões que têm igual reflexo sobre os destinos da humanidade.

Um convite especial a todos aqueles que estão empenhados nas atividades relacionadas com os instrumentos da comunicação social a associarem-se à Igreja, nesse dia de reflexão e oração.

> Rezemos juntos a Deus, a fim de que estes nossos irmãos progridam na consciência das suas grandes possibilidades de servir a humanidade e orientar o mundo para o bem;
> Rezemos para que o Senhor lhes dê a compreensão, a sabedoria e a coragem de que têm necessidade para poderem responder às suas graves responsabilidades;
> Rezemos para que estejam sempre atentos às necessidades dos receptores, que, em grande parte, são componentes de famílias como as suas, formadas não raro de pais cansados em excesso após um dia de trabalho, para poderem estar suficientemente vigilantes, e formadas de filhos cheios de confiança em si, impressionáveis e facilmente vulneráveis.
> Recordando tudo isto, eles terão também presentes as enormes ressonâncias que o seu trabalho pode ter quer no bem, quer no mal, e evitarão ser incoerentes consigo mesmos e infiéis à sua particular vocação (1980).

Chamar a atenção dos operadores dos *mass media* para o empenho exigido pelo amor, a justiça e a verdade, junto com a liberdade, é um dever de meu "serviço pastoral". No nosso mundo é difícil imaginar operadores de *mass media* fora das próprias matrizes culturais; isto, porém, não deve fazer com que se imponham a terceiros a ideologia pessoal. O operador deve desenvolver um serviço o mais possível objetivo, e não se transformar em "persuasor oculto" por interesse do grupo, por conformismo, pelo dinheiro (1981).

Em 1982, Ano Internacional do Idoso, João Paulo II volta-se também para os comunicadores: os operadores da comunicação social, com relação aos idosos, têm uma missão a cumprir, muito importante, diria mesmo insubstituível. Justamente os meios de comunicação social, de fato, com a universalidade de seu raio de ação e a "penetratividade" de sua mensagem, podem, com rapidez e eloquência, chamar a atenção e a reflexão de todos sobre os idosos e suas condições de vida. Só uma sociedade consciente, salutarmente sacudida e mobilizada, poderá buscar endereçamentos e soluções que respondam eficazmente às novas necessidades.

Os operadores da comunicação social podem, então, contribuir grandemente para demolir algumas impressões unilaterais da juventude, dando novamente à idade madura e à velhice o sentido da própria utilidade e oferecendo à sociedade modelos de pensamento e de hierarquia de valores que valorizem o idoso. Eles, além disso, têm a possibilidade de lembrar oportunamente à opinião pública que, ao lado do problema do "justo salário", existe também o problema da "justa pensão", que é igualmente parte da "justiça social" (1982).

Com referência à paz, o papa é enfático em afirmar também que a comunicação social promove a paz, *se os profissionais da informação são operadores de paz*. A responsabilidade peculiar e os insubstituíveis deveres que os comunicadores têm com relação à paz deduzem-se da consideração sobre a capacidade e o poder que eles detêm de influenciar, por vezes de modo decisivo, a opinião pública e os próprios governantes.

Aos operadores da comunicação devem ser garantidos, para o exercício das suas importantes funções, direitos fundamentais, como o acesso às fontes de informação e a faculdade de apresentar os fatos objetivamente. Por outro lado, é também necessário que os operadores da comunicação superem as exigências de uma ética concebida numa mentalidade meramente individualista e que, sobretudo, não se deixem subjugar por grupos de poder, manifestos e ocultos. Devem, pelo contrário, ter em mente que, além e acima das responsabilidades contratuais nas relações dos órgãos de informação e das responsabilidades legais, estão imbuídos também de deveres estritos para com a verdade, para com o público e para com o bem comum da sociedade.

Se no exercício de seu dever, que é uma verdadeira missão, os comunicadores sociais souberem promover a informação serena e imparcial, promover o mútuo entendimento e o diálogo, reforçar a compreensão e a solidariedade, terão dado uma magnífica contribuição para a causa da paz (1983).

Incentivando para que as comunicações sociais sejam instrumento de encontro entre fé e cultura, João Paulo II lança também uma orientação: "nesse ponto o meu apelo se torna aflito e se dirige a todos os operadores da comunicação social, de qualquer latitude e de qualquer religião" (1984).

"Operadores da comunicação, não deem uma imagem mutilada do homem, distorcida, fechada aos autênticos valores humanos! Abram espaço para o transcendente, que torna o homem mais homem! Não zombem dos valores religiosos, não os ignorem, não os interpretem conforme esquemas ideológicos! A informação seja sempre inspirada em critérios de verdade e de justiça, sentindo o dever de retificar e de reparar quando perceberem haver incorrido em erros. Não corrompam a sociedade e, especialmente, os jovens, com a representação intencional e insistente do mal, da violência, do aviltamento moral, fazendo uma obra de manipulação ideológica, semeando a divisão! Saibam, todos os operadores dos *mass media*, que as mensagens chegam a uma massa que é tal pelo número dos seus componentes, cada um dos quais, porém, é um homem, pessoa concreta e irrepetível, que deve ser reconhecida e respeitada como tal. Numa palavra: empenhem-se em promover uma cultura que vise verdadeiramente ao homem, conscientes de que, fazendo assim, facilitarão o encontro com a fé, da qual ninguém deve ter medo" (1984).

Reconhecendo, ainda, o trabalho árduo dos comunicadores, em 1986, referindo-se à formação da opinião pública, o papa volta-se para eles, com um cuidado especial: "concluo esta mensagem com uma bênção especial para todos os que trabalham no campo da comunicação social com espírito cristão de serviço à verdade e de promoção dos valores morais e religiosos. Garantindo-lhes a minha oração, desejo encorajá--los neste trabalho, que exige coragem e coerência e que é um serviço à verdade e à liberdade. É, de fato, a verdade que torna livre os homens (cf. Jo 8,32). Por isso, trabalhar para a formação duma opinião pública conforme à verdade é trabalhar para o crescimento da liberdade".

Consciente de que as comunicações de massa desenvolvem-se vertiginosamente, os liames que elas criam entre os povos e culturas representam, também, a sua contribuição mais preciosa. "Mas sei que vós mesmos, os comunicadores, tendes consciência dos efeitos perversos que ameaçam desnaturar estas relações entre povos e entre culturas. A exaltação de si, o desprezo e a rejeição dos que são diferentes podem agravar as tensões ou as divisões" (1988). Gerando violência, essas atitudes distorcem e destroem a verdadeira comunicação, tornando impossível qualquer relação fraterna.

Para que possa existir uma fraternidade e uma solidariedade humana, e a mais forte razão para que se acentue sua dimensão cristã, é preciso que se reconheçam os valores elementares que elas subentendem. Recordo alguns: o respeito pelo outro, o sentido do diálogo, a justiça, a justificativa ética da vida pessoal e comunitária, a liberdade, a igualdade, a paz na unidade, a promoção da dignidade da pessoa humana, a capacidade de participação e de partilha.

Cabe aos artífices da comunicação de massa utilizar as técnicas e os meios à sua disposição com referência constante a uma consciência clara desses valores primários. E João Paulo II menciona algumas aplicações concretas: as agências de informação, a difusão radiofônica da palavra, os programas de televisão, que abordam quase todos os aspectos da vida, e as redes se prestam a inumeráveis interconexões; quanto mais se considera sua influência, tanto mais se impõe aos seus responsáveis a postura ética, para oferecer às pessoas e às comunidades imagens que favoreçam a integração das culturas, sem intolerância nem violência, a serviço da unidade; a informática sempre mais presente nas atividades econômicas e culturais; conceber espetáculos para divulgar, através dos vários meios audiovisuais, implica o respeito às consciências dos inumeráveis "espectadores"; a comunicação publicitária desperta e desenvolve desejos e cria necessidades: os que a produzem ou a realizam devem lembrar-se das pessoas menos favorecidas para as quais os bens propostos permanecem inatingíveis.

Qualquer que seja o modo de intervenção, é necessário que os comunicadores observem um código de honra, que estejam conscientes da responsabilidade de difundir a verdade sobre o homem, que contribuam para uma nova ordem moral da informação e da comunicação (1988).

Mídia e religião

A questão que a Igreja se coloca não é mais a de saber se o homem da rua pode ainda receber uma mensagem religiosa, mas a de encontrar linguagens de comunicação melhores para obter o maior impacto possível da mensagem evangélica. O Senhor nos encoraja diretamente, e muito simplesmente, a prosseguir no caminho do testemunho e da comunicação mais ampla: "Não tenhais medo deles [...] o que escutais ao pé do ouvido, proclamai-o sobre os telhados!" (Mt 10,26-27). Do que se trata? O evangelista retoma assim: "Declarar-se por [Cristo] diante dos homens" (cf. Mt 10,32). Eis, pois, a audácia ao mesmo tempo humilde e serena que inspira a presença cristã em meio ao diálogo público dos *mass media*! São Paulo nos diz: "Anunciar o Evangelho não é para mim motivo de glória. É antes uma necessidade que se me impõe" (1Cor 9,16) (1989).

O Papa convida os operadores das comunicações a terem presente os valores evangélicos, "os traços de sabedoria bíblica" para compreender que "o grande desafio do testemunho religioso no diálogo público é a autenticidade das mensagens" como também "a qualidade dos programas e produções" (1989).

Enquanto João Paulo II agradece pelo espaço que as comunicações oferecem à religião, ele também pede aos comunicadores que profissionalmente mostrem a sua deontologia, apresentando mensagens de esperança e de reconciliação com Deus.

Com simplicidade, e incentivando os comunicadores para que levem em conta temas religiosos, nas suas produções, João Paulo II usa as palavras de Paulo apóstolo, quando se dirige a Filemon: "Escrevo-te, contando com a tua obediência e sabendo que farás ainda mais do que peço" (Fm 1,21). E, então, o papa faz a proposta: "dai à religião todo o espaço que julgais desejável na comunicação de massa. (...) É isso que peço em favor da religião" (1989).

Ao concluir a mensagem (1989), "não posso deixar de encorajar todos os que levam a sério o apostolado da comunicação, a empenhar-se com entusiasmo, no respeito de cada um, na grande obra da evangelização oferecida a todos os homens: 'Tu, vai e anuncia o Reino de Deus' (Lc 9,60). Não podemos deixar de dizer qual é a mensagem nova, porque é proclamando e vivendo a Palavra que nós próprios compreenderemos as profundidades inenarráveis do dom de Deus".

Homens e mulheres de esperança

Já em preparação ao grande Jubileu (2000), o papa convida todos a, sustentados pelo Espírito, comunicar esperança. Voltando-se para os profissionais da comunicação, afirma que os comunicadores cristãos transmitem uma esperança crível, quando são os primeiros a vivê-la pessoalmente, o que só se verifica se forem homens e mulheres de oração. Reforçada pelo Espírito Santo, a oração permitir-nos-á estar "sempre prontos a dar a razão da esperança a todo aquele que interpelar" (cf. 1Pd 3,15). Desse modo, o comunicador cristão aprende a apresentar a mensagem de esperança aos homens e às mulheres do nosso tempo com a força da verdade (1998).

"Deixai-nos olhar com muita esperança para o próximo milênio, animados pela confiança de que haverá pessoas, na Igreja e nos meios de comunicação social, que estarão prontas a cooperar a fim de garantir que a promessa possa prevalecer sobre a ameaça, e a comunicação sobre a alienação. Isso dará a garantia de que o mundo da mídia se tornará uma presença cada vez mais amiga para todos os povos, apresentando-lhes 'notícias' dignas de serem recordadas, uma informação cheia de sabedoria e um divertimento que suscita a alegria. Garantirá também um mundo no qual a Igreja e os meios de comunicação possam trabalhar juntos para o bem da humanidade. Eis o que é preciso para que o poder da mídia não seja uma força que destrói mas um amor que cria, um amor que reflete o amor de Deus, "Pai de todos, que está acima de todos, atua por meio de todos e se encontra em todos" (Ef 4,6) (1999).

Possam, quantos trabalham no mundo das comunicações sociais, conhecer a alegria da fraternidade, para que, conhecendo o amor de Deus, lhes seja permitido tratar com amor todos os homens e mulheres ao longo da sua peregrinação rumo à casa do Pai, ao qual é dada toda a honra, glória e ação de graças, com o Filho e o Espírito Santo, pelos séculos dos séculos (1999).

Ao longo de todas as suas mensagens, João Paulo II insiste: "as apresentações dos meios de comunicação deverão chamar a atenção para as necessidades humanas autênticas, especialmente das pessoas débeis, vulneráveis e marginalizadas, o que pode tornar-se uma autêntica proclamação do Evangelho. Mas, para além dessa proclamação implícita, os comunicadores cristãos deveriam encontrar modos de falar explicitamente de Jesus crucificado e ressuscitado, do seu triunfo sobre o pecado e a morte, de forma adequada ao meio utilizado e às características do auditório" (2000).

Para um bom desempenho dessa tarefa, exige-se formação e qualidades profissionais. Mas também algo mais. Para dar testemunho de Cristo, é necessário fazer a sua descoberta e cultivar uma relação pessoal com ele através da oração, da Eucaristia e do sacramento da Reconciliação, da leitura e reflexão da Palavra de Deus, do estudo da doutrina cristã e mediante o serviço prestado ao próximo. Em todo caso, para se conseguirem resultados autênticos, tudo deverá ser alcançado mais por obra do Espírito Santo do que pelos nossos meios.

Proclamar Cristo não é só um dever, é também um privilégio:

> A passagem dos crentes para o terceiro milênio não se ressente de forma alguma do cansaço que o peso de 2 mil anos de história poderia acarretar consigo; antes, os cristãos sentem-se revigorados com a certeza de levarem ao mundo a luz verdadeira, Cristo Senhor. Ao anunciar Jesus de Nazaré, verdadeiro Deus e perfeito Homem, a Igreja oferece a todo o ser humano a perspectiva de ser "divinizado" e, dessa forma, tornar-se mais homem (*Incarnationis Mysterium*, n. 2) (2000).

Enquanto toda a Igreja procura prestar atenção ao chamamento do Espírito, os comunicadores cristãos têm "uma tarefa profética, uma vocação: falar contra os falsos deuses e ídolos do nosso tempo – materialismo, hedonismo, nacionalismo exasperado, etc." (*Ética nas Comunicações*, n. 31). Sobretudo, eles têm o dever e o privilégio de declarar a verdade – a verdade gloriosa acerca da vida humana e do destino do homem, revelado no Verbo que se fez homem. Oxalá os católicos comprometidos no mundo das comunicações sociais anunciem a verdade de Jesus cada vez mais corajosa e impavidamente sobre os telhados, de tal maneira que todos os homens e mulheres possam ouvir falar do amor que está na autocomunicação de Deus em Jesus Cristo, o mesmo ontem, hoje e para toda a eternidade (cf. Hb 13,8) (2001).

Em 2003, por ocasião do 40º aniversário da encíclica *Pacem in Terris* do Papa João XXIII, João Paulo II dedica sua mensagem ao tema vasto e rico do documento que aborda questões de paz, justiça, liberdade entre outras. Dirigindo-se aos comunicadores, diz que, embora tudo isso seja um grande desafio, não significa de modo algum que é demasiado pedir aos homens e às mulheres dos *mass media* que o enfrentem. Com efeito, por vocação e por profissão, eles são chamados a tornar-se agentes da verdade, justiça, liberdade e amor, contribuindo com o seu importante trabalho para uma ordem social "fundada na verdade, construída segundo a justiça, alimentada e consumada na caridade, realizada sob os auspícios da liberdade" (*Pacem in Terris*, n. 166).

Trazendo como tema "Os *mass media* na família: um risco e uma riqueza" (2004), o papa enfatiza que a reflexão conscienciosa sobre a dimensão ética das comunicações deveria conduzir a iniciativas concretas, destinadas a eliminar os riscos contra o bem-estar da família, apresentados pelos *mass media*, e assegurando que esses poderosos instrumentos da comunicação permaneçam como fontes genuínas de enriquecimento. Os próprios comunicadores, as autoridades públicas e os pais têm uma responsabilidade especial, a este propósito.

O Papa Paulo VI ressaltava que os comunicadores profissionais deveriam "conhecer e respeitar as necessidades da família, e isto pressupõe neles, por vezes, uma coragem verdadeira e sempre um elevado sentido de responsabilidade" (Mensagem para o Dia Mundial das Comunicações Sociais de 1969). Não é fácil resistir às pressões comerciais ou às reivindicações de conformidade com as ideologias seculares, mas é isso que os comunicadores responsáveis devem fazer. A aposta é grande, dado que cada ataque contra o valor fundamental da família constitui um ataque contra o verdadeiro bem da humanidade.

Por isso, as palavras do papa "Encorajo tanto os comunicadores profissionais como as famílias a reconhecer o privilégio e a responsabilidade singulares que isso comporta. Que todas as pessoas comprometidas no campo das comunicações reconheçam que são verdadeiramente "responsáveis e administradores de um poder espiritual enorme, que pertence ao patrimônio da humanidade e que está destinado a enriquecer toda a comunidade humana" (Discurso aos especialistas das comunicações, Los Angeles, 15 de setembro de 1987, n. 8). E que as famílias sejam sempre capazes de encontrar nos *mass media* uma fonte de ajuda, de encorajamento e de inspiração, enquanto lutam para viver como comunidade de vida e de amor, para formar os jovens nos valores morais sólidos e para fazer progredir uma cultura de solidariedade, liberdade e paz.

E finaliza a mensagem (a última, 2005) rezando para que homens e mulheres dos meios de comunicação possam assumir seu papel e contribuir para "derrubarem os muros da divisão e a inimizade em nosso mundo, muros que separam os povos e as nações entre si e alimentam a incompreensão e a desconfiança".

A evangelização diante de outra porta de entrada

Atualmente, com a revolução das comunicações e da informática em pleno desenvolvimento, sem dúvida, a Igreja encontra-se diante de outra porta de entrada.

A Igreja, que teve início no dia do Pentecostes, quando os apóstolos, no poder do Espírito Santo, partiram pelas ruas de Jerusalém para pregar o Evangelho de Jesus Cristo em muitas línguas (cf. At 2,5-11), dá, em todos os tempos, continuidade à missão que lhe foi confiada pelo próprio Jesus. Esta missão evangelizadora espalhou-se pelos quatro cantos da terra, à medida que o Cristianismo se enraizava em muitos lugares e aprendia a falar as diversas línguas do mundo, sempre em obediência ao mandato de Cristo, de anunciar o Evangelho a todas as nações (cf. Mt 28,19-20).

Entretanto, como já afirmamos nesta obra, citando João Paulo II, a história da evangelização não é apenas uma questão de expansão geográfica. Muitos são os confins que a Igreja teve de ultrapassar, também confins culturais. Esforço que exigiu renovadas energia e imaginação na proclamação do único Evangelho de Jesus Cristo. É bom recordar que a época das grandes descobertas, da Renascença e da invenção da imprensa, da Revolução Industrial e do nascimento do novo mundo também foram momentos de vanguarda, que exigiram novas formas de evangelização. Atualmente, com a revolução das comunicações e da informática em pleno desenvolvimento, sem dúvida, *a Igreja encontra-se diante de outra porta de entrada*.[6] Por conseguinte, nesse Dia Mundial das Comunicações de 2002, diz o papa, é oportuno refletirmos sobre o tema: "Internet: um novo foro para a proclamação do Evangelho".[7]

Referindo-se à internet, compara-a como um novo "foro", entendido no antigo sentido romano de lugar público em que se decidia sobre a política e o comércio, onde se cumpriam os deveres, se desenrolava uma boa parte da vida social da cidade e se expunham os melhores e os piores aspectos da natureza humana. Tratava-se de um espaço urbano apinhado e movimentado, que refletia a cultura circunvizinha e criava uma cultura que lhe era própria. Assim é o espaço cibernético, isto é, uma nova fronteira que se abre no início deste novo milênio. Assim como as novas fronteiras dos outros tempos, também esta está cheia da ligação entre perigos e promessas, e não é desprovida do sentido de aventura que caracterizou os outros grandes períodos de mudança. Para a Igreja, o novo mundo do espaço cibernético é uma exortação à grande aventura do uso do seu potencial para proclamar a mensagem evangélica. Esse desafio está no centro do que significa, no início do milênio, seguir o mandato do Senhor, de "fazer-se ao largo": *Duc in altum!* (Lc 5,4) (2002).

Se usada com competência e uma clara consciência das suas forças e debilidades, a internet pode oferecer magníficas oportunidades de evangelização. Sobretudo, dando informações e suscitando o interesse, ela torna possível um encontro inicial com a mensagem cristã, de maneira especial entre os jovens que, cada vez mais, consideram o espaço cibernético como uma janela para o mundo. Portanto, é importante que a comunidade cristã descubra formas muito especiais de ajudar aqueles que, pela primeira vez, entram em contato com a internet, a passar do mundo virtual do espaço cibernético para o mundo real da comunidade cristã (2002).

Especialmente numa cultura desprovida de fundamentos, a vida cristã exige a instrução e a catequese permanentes, e este é, talvez, o campo em que a internet pode oferecer uma ajuda excelente. Na "net" já existem inúmeras fontes de informação, documentação e educação sobre a Igreja, a sua história e a sua tradição, a sua doutrina e o seu

---

[6] A ênfase é minha.

[7] Ainda não se encontrava desenvolvido o mundo digital das redes sociais, de cujas considerações o Papa Bento XVI se ocupa em suas mensagens, por ocasião do Dia Mundial das Comunicações.

compromisso em todos os setores, em todas as partes do mundo. Assim, é óbvio que, apesar de a internet nunca poder substituir aquela profunda experiência de Deus, que só a vida concreta, litúrgica e sacramental da Igreja pode oferecer, ela pode certamente contribuir com um suplemento e um apoio singulares, tanto preparando para o encontro com Cristo na comunidade como ajudando o novo crente na caminhada de fé, que então tem início (2002).

Entretanto, diz João Paulo II, é preciso nunca perder de vista que a essência da internet é a sua oferta de um fluxo quase infinito de informação que, na sua maioria, passa num instante. Numa sociedade que se alimenta do que é efêmero, corre-se facilmente o risco de acreditar que o que importa são os fatos e não os valores. A internet oferece vastos conhecimentos, mas não ensina valores; e quando estes são ignorados, a nossa própria humanidade é diminuída e o homem facilmente perde de vista a sua dignidade transcendente. Apesar do seu enorme potencial para o bem, alguns dos modos degradantes e prejudiciais em que a internet pode ser usada já são óbvios para todos, e as autoridades públicas têm certamente a responsabilidade de garantir que esse instrumento maravilhoso sirva ao bem comum e não se torne uma fonte de prejuízo (2002).

Por todas as oportunidades de evangelização que se pode desenvolver na internet, a Igreja acredita e está determinada a entrar nesse novo foro, armada com o Evangelho de Cristo, o Príncipe da Paz. "Por conseguinte, nesse Dia Mundial das Comunicações, ouso exortar toda a Igreja a ultrapassar com coragem este novo limiar, para se fazer ao largo na "net", de tal maneira que no presente, assim como foi no passado, o grande compromisso do Evangelho e da cultura possa mostrar ao mundo "a glória de Deus e o rosto de Cristo" (2Cor 4,6) (2002).

O último presente de João Paulo II
O rápido desenvolvimento no campo das tecnologias[8]

A Carta Apostólica *O Rápido Desenvolvimento* foi escrita por João Paulo II e publicada ao mundo no dia 24 de janeiro de 2005, memória

---

[8] Essa carta apostólica de João Paulo II não faz parte das mensagens do pontífice para o Dia Mundial das Comunicações. A sua inserção, nesse contexto, justifica-se pela importância do conteúdo e de o tema "comunicação" constituir-se como último legado de reflexão para os cristãos.

de São Francisco de Sales, padroeiro dos jornalistas. Trata-se da última carta de João Paulo II, pois ele veio a falecer em abril do mesmo ano. Podemos considerá-la como o seu último legado à humanidade. Preocupação-interesse do pontífice sobre a comunicação. A Carta Apostólica *O Rápido Desenvolvimento* é dedicada, sobretudo, aos responsáveis pelas comunicações sociais.

Numa tonalidade positiva a respeito das comunicações sociais, o papa demonstra estar consciente do rápido desenvolvimento das tecnologias no campo da mídia e retoma o pensamento do Magistério da Igreja sobre a comunicação, a partir do "marco referencial" *Inter Mirifica*, aprovada no Concílio Vaticano II (1963). E afirma que, após quarenta anos de sua publicação, houve um caminho fecundo, mas, também, vivemos um tempo oportuno para continuamente voltar a refletir sobre os desafios crescentes que se apresentam. Nesse sentido, o pontífice refere-se às palavras de Paulo VI, na *Evangelii Nuntiandi* (n. 45), enfatizando que a Igreja "se sentiria culpável diante do seu Senhor se não usasse estes poderosos meios".

Entretanto, entre os desafios elencados por João Paulo II, figura aquele que parece ser o mais complexo, devido às atitudes habituais da Igreja em somente usar os meios, ou seja, o de compreender que a Igreja "não está chamada unicamente a usar os *mass media* para difundir o Evangelho, mas, hoje, como nunca, é chamada também a integrar a mensagem salvífica na 'nova cultura' que os poderosos instrumentos da comunicação criam e amplificam".

O campo da mídia é cheio de potencialidades, por isso o papa realça suas palavras na Carta Encíclica *Redemptoris Missio*, afirmando que "o primeiro areópago do mundo moderno é o mundo da comunicação" (n. 37). Nesse mundo, está o ser humano, que a mídia deve ter em conta promovendo a justiça e a solidariedade. A primeira parte da carta apostólica finaliza chamando atenção para os critérios supremos da verdade e da justiça, na prática da liberdade e da responsabilidade. Estes, enfatiza João Paulo, "constituem o horizonte em cujo âmbito se situa uma autêntica deontologia na fruição dos modernos e poderosos meios de comunicação".

Oxalá os vários grupos de estudos, os seminários, enfim a Teologia e a Pastoral da Comunicação possam levar em conta o estudo da cultura da comunicação e a necessidade de uma deontologia no campo da mídia. A Igreja, em primeiro lugar, deve promover o debate sobre tais assuntos.

Discernimento evangélico e compromisso missionário

Na consideração da Carta Apostólica *O Rápido Desenvolvimento*, encontramos, em continuação, o fundamento teológico e eclesial da comunicação, enfatizado por João Paulo II, pois assim afirma o papa: "Também o mundo da mídia tem necessidade da redenção de Cristo". Os processos e o valor das comunicações sociais, analisados do ponto de vista da fé, encontram seu fundamento na Sagrada Escritura. Esta "se apresenta como um 'grande código' de comunicação de uma mensagem" que não é efêmera, não passa com o tempo nem se transforma segundo a diversidade das ocasiões. Trata-se da história da salvação, onde acontece a verdadeira comunicação: aquela de Deus com o homem.

É na comunicação entre Deus e a humanidade, quando o Verbo se fez um de nós, que acontece o ato de amor perfeito "através do qual Deus se revela, juntamente com a resposta de fé da humanidade". Tal atitude se transforma em um diálogo fecundo. É nesse diálogo de amor que compreendemos e aprendemos "a comunicar com Deus e com os homens através dos maravilhosos instrumentos da comunicação social". Com os *mass media*, então, enfatiza o papa, revelam-se oportunidades para alcançar as pessoas em todas as partes do universo, vencendo barreiras de tempo, de espaço e de língua. É possível, então, formular os conteúdos da fé e as metas seguras para entrar em diálogo com o Criador, "revelado em Jesus Cristo".

Se contemplamos Jesus, por sua vez, ele nos dá o exemplo de comunicação com o Pai e com as pessoas, "quer vivendo momentos de silêncio e de recolhimento, quer pregando em todos os lugares e com as várias linguagens possíveis". Uma comunicação contínua de Jesus que culmina na Eucaristia. Nasce, consequentemente, a comunicação que "permeia as dimensões essenciais da Igreja, chamada a anunciar a todos a Boa-Nova da salvação". É por esse motivo que a Igreja assume as mais variadas oportunidades que os meios de comunicação social oferecem "como percurso dados providencialmente por Deus nos dias de hoje para aumentar a comunicação e tornar o anúncio mais incisivo".

A visão positiva de João Paulo II a respeito da comunicação, entretanto, vem acompanhada do incentivo para usar os meios "com o gênio da fé e na docilidade à luz do Espírito Santo", a fim de criarem vínculos de comunhão entre o povo de Deus.

Mudança de mentalidade e renovação pastoral

Na Carta Apostólica *O Rápido Desenvolvimento*, o pensamento de João Paulo II e, portanto, do Magistério da Igreja, adverte para si e para todos os cristãos, a necessidade de "mudança de mentalidade e renovação pastoral" a respeito da comunicação. Na verdade, a Igreja deve considerar o uso dos meios de comunicação "como uma resposta ao mandamento do Senhor: "Ide pelo mundo inteiro, proclamai o Evangelho a toda a criatura" (Mc 16,15).

No contexto contemporâneo, afirma o pontífice, tal missão se constitui numa tarefa difícil e desafiante, sobretudo aos responsáveis pela educação das pessoas: pais, famílias, educadores. É justamente a atual cultura midiática que impulsiona a Igreja "a fazer uma espécie de revisão pastoral e cultural" para "ser capaz de enfrentar de maneira apropriada" e adequada a transição pela qual passamos, neste início de milênio.

O pensamento da Igreja é muito explícito quanto à mudança de mentalidade e dos métodos pastorais, ao referir-se aos pastores e, com particular responsabilidade, "às pessoas consagradas, que estão orientadas pelo seu carisma institucional ao compromisso no âmbito das comunicações sociais".

Com muita lucidez, o Papa João Paulo II volta a enfatizar o que já sugerira na década de 1990, com a Encíclica *Redemptoris Missio* (n. 37c), ou seja, que se desse a devida importância aos *mass media*, inserindo-os "com evidência na programação pastoral". Com particular ênfase nas novas tecnologias de comunicação, sobretudo nas potencialidades, por exemplo da internet, o papa incentiva a que se use tal tecnologia não somente para a informação, mas também que "habituem as pessoas a uma comunicação interativa. Certamente, prossegue o papa, junto com os novos meios devem ser usados também outros", uma vez verificadas todas as possíveis valorizações de instrumentos tradicionais.

A preocupação maior deve sempre recair sobre a finalidade do uso dos meios de comunicação: a de tornar as pessoas conscientes da dimensão ética e moral da informação. E, finalmente, uma preocupação e pastoral especial que a Igreja é convidada a desenvolver: uma atenção pastoral aos profissionais da comunicação. João Paulo II conclui seu pensamento com palavras realmente de pastor: "Com frequência, estes homens e mulheres encontram-se perante pressões particulares e dilemas éticos; muitos deles sentem o desejo sincero de conhecer e praticar o que é justo no campo ético e moral, e esperam da Igreja orientações e apoio".

Comunicar com a força do Espírito Santo

Na última parte da carta apostólica, João Paulo II exorta todos os cristãos, e principalmente os comunicadores, a "comunicar com a força do Espírito". Na verdade, é somente com a luz e a sabedoria do Espírito que se pode enfrentar o "grande desafio deste nosso tempo", o de manter "uma comunicação verídica e livre, que contribua para consolidar o progresso integral do mundo".

É, ainda, a sabedoria vinda do Espírito que ajuda nas escolhas e no vencer as dificuldades da comunicação, quanto às "ideologias, à sede de lucro e de poder, às rivalidades e aos conflitos entre indivíduos e grupos". Afirma o papa que se, por um lado, as modernas tecnologias oferecem e desenvolvem com enorme velocidade a comunicação, por outro, infelizmente, "não favorecem de igual modo aquele intercâmbio frágil entre uma mente e outra, entre um coração e outro, que deve caracterizar qualquer forma de comunicação a serviço da solidariedade e do amor".

No contexto da necessidade de discernimento e boas escolhas, no mundo da comunicação, João Paulo II lembra que o apóstolo Paulo oferece uma mensagem incisiva a todos que estão comprometidos na comunicação social, isto é, políticos, comunicadores profissionais, espectadores. A afirmação consiste no seguinte, quando Paulo se dirige aos Efésios (4,25-29): "despi-vos da mentira e diga cada um a verdade ao seu próximo, pois somos membros uns dos outros [...] Nenhuma palavra desagradável saia da vossa boca, mas apenas a que for boa, que edifique, sempre que necessário, para que seja uma graça para aqueles que a escutam".

E João Paulo II, referindo-se aos trabalhadores da comunicação, demonstra o seu afeto e zelo de pastor, num convite veemente a não nos deixar intimidar, e afirma: "Não tenhais medo!". E continua: "Não tenhais medo das novas tecnologias! Elas incluem-se 'entre as coisas maravilhosas', *Inter Mirifica*, que Deus pôs à nossa disposição para as descobrirmos, usarmos, fazer conhecer a verdade, também a verdade acerca do nosso destino de filhos seus e herdeiros do seu Reino eterno".

Fazendo ressoar várias vezes o "não tenhais medo!", o pontífice, por fim, exorta a não temer a oposição do mundo, recordando que Jesus venceu o mundo. É preciso não ter medo das próprias fraquezas, porque cremos na palavra de Jesus, que disse: "Eu estarei sempre convosco, todos os dias, até o fim do mundo" (Mt 28,20). Por isso, é preciso comunicar sempre a mensagem de "esperança, de graça e de amor de Cristo".

Conclusões gerais das mensagens de João Paulo II

A riqueza de pensamento e a variedade de temas abordados nas mensagens do Papa João Paulo II requerem, por si só, uma análise ampla e completa, que poderá demonstrar a reflexão do Magistério da Igreja concernente à comunicação. E isso não somente no seu conceito, mas na presença de espírito de um homem lúcido, inculturado, que soube ver com o olhar do Espírito as mais diversas situações mundiais, onde a comunicação pode e deve desenvolver o seu papel de grande articuladora das mudanças sociais (DAp, n. 484).

Um dos grandes méritos de suas mensagens foi acompanhar o desenvolvimento das novas tecnologias de comunicação através dos tempos, mas tendo sempre como centralidade a pessoa humana. Poderíamos dizer que tudo girava em torno do SER HUMANO. Por isso, a preocupação com a ética, com as mais diversas categorias de pessoas (mulher, jovens, idosos, por exemplo). Para obter a força necessária e somar esforços para a construção de uma sociedade mais digna e equilibrada, João Paulo II associou-se, por várias vezes, aos grandes temas proclamados pela ONU para a atenção do mundo inteiro aos respectivos temas.

Uma atenção especial, por parte de João Paulo II, e a recomendação de ter presente nas relações a Igreja-comunicação dizem respeito ao cuidado com os comunicadores. Duas são as vertentes: primeiramente, João Paulo II concluía suas mensagens com uma palavra de incentivo aos comunicadores, falando de sua responsabilidade e oportunidade para desenvolver os eixos temáticos de sua mensagem. O outro aspecto: um carinho especial pelos comunicadores, por quem o papa pedia que rezássemos, pois sabia de suas lutas e da importância de seu trabalho, tantas vezes controvertido.

Por último, um legado de amor. Sua última carta apostólica *O Rápido Desenvolvimento...* Síntese do Magistério da Igreja a partir do

Inter Mirifica, o papa mostra o caminho, incentiva à mudança de mentalidade, à renovação pastoral na força do Espírito Santo. E conclui, como homem de fé que sempre foi: "É preciso não ter medo das próprias fraquezas, porque cremos na palavra de Jesus, que disse: 'Eu estarei sempre convosco, todos os dias, até o fim do mundo' (Mt 28,20). Por isso é preciso comunicar sempre a mensagem de 'esperança, de graça e de amor de Cristo'".

Redemptoris Missio: uma "reviravolta" no pensamento da Igreja sobre comunicação

A Carta Encíclica *Redemptoris Missio*, de João Paulo II, não é um documento específico sobre comunicação. É sobre "missão". De fato, a tradução é "Missão do Redentor", escrita pelo papa e publicada em 1990. Mas há algo de especial sobre a comunicação, apenas um número do documento, ou melhor, apenas a letra "c" do n. 37. Não poderíamos, porém, deixar de considerar o fundamental aspecto que constituiu (e constitui) a grande "reviravolta" da reflexão do Magistério eclesial em relação ao mundo da comunicação, e que consideramos como uma nova *fase da relação Igreja-Comunicação*. Um estudo mais aprofundado das orientações da Igreja nos leva a perceber que, na história dos documentos e pronunciamentos do Magistério, com respeito às comunicações sociais, uma significativa evolução de pensamento começa a tomar corpo.

Qual a novidade? A Igreja começa a expressar-se com mais clareza a respeito do impacto que também os *new media* têm na construção social, tanto que a Igreja passa a refletir sobre a comunicação (e aqui está a novidade!) não mais de forma restrita ou somente como "meios" ou "instrumentos" (isolados) a serem usados ou dos quais precaver-se. Mas ela refere-se à comunicação como um "ambiente", no qual estamos imersos e do qual participamos. Trata-se de uma cultura: a *cultura midiática*.

Vamos encontrar a iluminante "revolução" de pensamento, exatamente quando João Paulo II, ao referir-se aos novos "areópagos" modernos como lugar de evangelização (missão), coloca o mundo da comunicação em primeiro lugar e insiste no novo contexto comunicativo como uma "nova cultura". Assim afirma o documento: "O primeiro areópago dos tempos modernos é o mundo das comunicações...Os meios de comunicação social alcançaram tamanha importância que são para muitos o principal instrumento de informação e formação, de guia e inspiração dos comportamentos individuais, familiares e sociais...Talvez se tenha descuidado um pouco deste areópago: deu-se preferência a outros instrumentos para o anúncio evangélico e para a formação, enquanto os *mass media* foram deixados à iniciativa de particulares ou de pequenos grupos, entrando apenas secundariamente na programação pastoral.

O uso dos *mass media*, no entanto, não tem somente a finalidade de multiplicar o anúncio do Evangelho: trata-se de um fato muito mais profundo porque a própria evangelização da cultura moderna depende, em grande parte, da sua influência. Não é suficiente, portanto, usá-los para difundir a mensagem cristã e o Magistério da Igreja, mas é necessário integrar a mensagem nesta "nova cultura", criada pelas modernas comunicações. É um problema complexo, pois esta cultura nasce menos dos conteúdos do que do próprio fato de existirem novos modos de comunicar com novas linguagens, novas técnicas, novas atitudes psicológicas..." (RM, n. 37c).

Tal referência do Magistério eclesial é sinal de uma "mudança" na compreensão da relação entre Igreja e mídia: não mais desconfiança, nem simples lógica instrumental. A Igreja afirma o modo de comunicar de forma inculturada "na" e "pela" "cultura midiática". É uma expressão que carrega um novo conceito seja para o esforço e o estímulo em usar os mídia, seja para disponibilizar cursos de formação para compreender o envolvimento dos *new media*.

Trata-se, porém, *de algo mais*, um ir além: depois do período do "uso" (e do desprezo e rejeição por parte de alguns), chegou o momento de adquirir mais profundamente a cultura e a linguagem dos mídia. Portanto, a afirmação de João Paulo II: "O primeiro areópago dos tempos modernos é o mundo das comunicações", e todas as implicações que isto comporta como novo ambiente das comunicações, levou a Igreja a novas posturas de compreensão e de práxis pastoral.

Conferência de Puebla: *mudança de perspectiva na compreensão da comunicação*

Enquanto Karol Woytila era recém-eleito como o 263º pontífice da Igreja Católica Apostólica Romana, em outubro de 1978, como João Paulo II, a Igreja da América Latina dava prosseguimento aos ensinamentos do Concílio Vaticano II, com a realização da Conferência Episcopal Latino-Americana (CELAM), realizada em Puebla (México), em 1979.

Na reflexão sobre a evangelização no presente e no futuro da América Latina, o documento de Puebla dedica trinta e três artigos ao tema (DP, n. 1063-1095), revelando uma nova perspectiva na compreensão da comunicação, que, na interpretação de Luciano Metzinger, bispo, então presidente do Departamento de Comunicação do CELAM, o DECOS: "Puebla não se limita a repetir o que já foi dito; oferece-nos, antes, uma visão nova da comunicação social, visão de que se deriva uma aplicação renovada à evangelização e à ação pastoral da Igreja em geral" (METZINGER, 1981, p. 13).

Há uma mudança de perspectiva na visão da Igreja, que Puebla consegue como progresso, quando se leva em conta que nos documentos e na práxis da Igreja, explica Metzinger, se instalara um "arraigado costume" de compreender a comunicação social como algo reduzido a um conjunto de meios particularmente aptos para evangelizar. Na expressão de Metzinger, em Puebla, se dá uma "revolução copernicana (...): a comunicação como tal passa ao centro das preocupações" (1981, p. 14). A mudança de perspectiva (da visão tradicional) se fez sentir, especialmente, no n. 1063 (DP), que introduz a seção sobre a comunicação social: "A evangelização, anúncio do Reino, é comunicação: portanto, a comunicação social deve ser levada em conta em todos os aspectos da transmissão da Boa-Nova".

Entre as principais razões que explicam a mudança de perspectiva, no documento de Puebla, está, primeiramente, que "a comunicação, como ato social vital, nasce com o próprio homem e tem sido potencializada na época moderna mediante poderosos recursos tecnológicos. Por conseguinte, a evangelização não pode prescindir, hoje em dia, dos meios de comunicação (DP, n. 1064). Como explica Metzinger (1981) pela comunicação se estabelecem relações interpessoais e intergrupais, enriquecendo mutuamente as pessoas e os grupos. Nascem, assim, progressivamente, as diversas sociedades e culturas.

Tal afirmação coloca a comunicação social no lugar que lhe é devido na vida e atividade da Igreja. Como centro da vida e prática da Igreja, a comunicação penetra todos os campos onde se realiza a evangelização. E as palavras do Cardeal Paul Tighe, secretário da Comissão do Conselho Pontifício da Cultura, num recente seminário (2018) sobre "A Igreja na Cultura digital",[9] em Roma, chamava a atenção sobre o que já dissera Puebla, e encorajava líderes da Igreja a dar mais explícita atenção às comunicações, porque, afirmava: "Quando falamos sobre a missão comunicativa da Igreja, nós não estamos falando sobre uma missão entre outras. Nós, de fato, estamos falando sobre a razão fundamental de por que a Igreja existe. A Igreja existe pela vontade de Deus e existe precisamente para proclamar a Boa-Nova de Jesus Cristo. Desde o começo, esta tem sido sua missão universal. Nós somos chamados a levar a Boa-Nova até os confins da terra, para assegurar que o Evangelho alcance e toque o coração das pessoas em cada parte do nosso mundo. Essa mensagem que nos foi confiada – essa Boa Notícia – é uma Pessoa, Jesus Cristo, e nós convidamos outros não simplesmente para conhecer sobre ele, mas para entrar em relação com ele. Boa comunicação nunca é simplesmente trocar informação, mas é sobre a criação de relações – uma verdade que está ficando cada vez mais verificável no campo das mídias sociais (social mídia)".

Mensagens para o Dia Mundial das Comunicações Sociais (Papa João Paulo II – 1979-2005)

1979 – Comunicações sociais e desenvolvimento da criança

1980 – Comportamento ativo das famílias perante os meios de comunicação social

1981 – As comunicações sociais a serviço da liberdade responsável do homem

1982 – As comunicações sociais e os problemas dos idosos

---

[9] TIGHE, Paul. Seminário sobre Comunicação para a Vida Religiosa "The Church in the digital culture" [A Igreja na cultura digital], 9 de março de 2018. Roma; UISG (International Union of Superiors General). Disponível em: <www.uisg.org>. (Tradução do autor.)

1983 – Comunicações sociais e promoção da paz
1984 – As comunicações sociais, instrumento de encontro entre fé e cultura
1985 – As comunicações sociais e a promoção cristã da juventude
1986 – Comunicações sociais e formação cristã da opinião pública
1987 – Comunicações sociais e promoção da justiça e da paz
1988 – Comunicações sociais e promoção da solidariedade e fraternidade entre os homens e os povos
1989 – A religião nos *mass media*
1990 – A mensagem cristã na cultura informática atual
1991 – Os meios de comunicação para a unidade e o progresso da família humana
1992 – A proclamação da mensagem de Cristo nos meios de comunicação
1993 – Videocassete e audiocassete na formação da cultura e da consciência
1994 – Televisão e família: critérios para saber ver
1995 – Cinema, veículo de cultura e proposta de valores
1996 – Os *mass media*: areópago moderno para a promoção da mulher na sociedade?
1997 – Comunicar o Evangelho de Cristo: Caminho, Verdade e Vida
1998 – Sustentados pelo Espírito, comunicar a esperança
1999 – *Mass media*: presença amiga ao lado de quem procura o Pai
2000 – Proclamar Cristo nos meios de comunicação social no alvorecer do Novo Milênio
2001 – Anunciai-o do cimo dos telhados: o Evangelho na era da comunicação global
2002 – Internet: um novo foro para a proclamação do Evangelho
2003 – Os meios de comunicação social ao serviço da paz autêntica, à luz da *Pacem in Terris*
2004 – Os *mass media* na família: um risco e uma riqueza
2005 – Os meios de comunicação: ao serviço da compreensão entre os povos

Papa Bento XVI
Joseph Ratzinger
(19.4.2005–28.2.2013 – renúncia)

"... quero convidar os cristãos a unirem-se confiadamente
e com criatividade consciente e responsável na rede de relações
que a era digital tornou possível; e não simplesmente para satisfazer
o desejo de estar presente, mas porque esta rede tornou-se parte
integrante da vida humana"
(45º Dia Mundial das Comunicações, 2011).

Capítulo 5
Bento XVI: abertura para o mundo digital

O tema da primeira mensagem do Papa Bento XVI para o 40º Dia Mundial das Comunicações (2006) foi "Mídia, rede de comunicação, comunhão e cooperação". Bento XVI relembra o quadragésimo aniversário do Vaticano II e cita, várias vezes, o último documento sobre a comunicação, a carta apostólica de João Paulo II, *O Rápido Desenvolvimento*. Reconhece o poder da mídia na influência da sociedade humana e, por isso, lembra que é preciso "usufruir do melhor modo possível de tais potencialidades, em benefício da humanidade inteira".

Após discorrer sobre os progressos tecnológicos dos meios de comunicação, "permitindo a comunicação imediata e direta entre as pessoas", o papa lembra também que, na rapidez da comunicação, esta nem sempre contribui para criar colaboração, comunhão na sociedade. Não se trata de uma visão negativa da Igreja sobre a comunicação, mas de uma análise sobre a cultura midiática, na sociedade de hoje.

É preciso, portanto, diz Bento XVI, "iluminar as consciências dos indivíduos e ajudá-los a desenvolver o próprio pensamento", o que "não é uma tarefa fácil". Mas lembra o pontífice que "a comunicação autêntica deve basear-se na coragem e na decisão". Ideias claras, determinação, responsabilidade para "não se contentar com verdades parciais" são aspectos essenciais evidenciados na mensagem.

Para que a mídia seja uma presença construtiva na sociedade, Bento XVI realça a importância de três aspectos, citados por João Paulo II em *O Rápido Desenvolvimento*: *formação*, *participação* e *diálogo* (n. 11). Trata-se da formação para o uso responsável e crítico da mídia; como serviço público, é necessário que a comunicação social possua um espírito de cooperação e corresponsabilidade; a comunicação deve, também, promover o diálogo "através do intercâmbio de cultura, a expressão de solidariedade e a adesão à paz.

Dentro destes parâmetros, os mídias serão, sem dúvida, uma rede de comunicação, comunhão e cooperação, afirma o Papa Bento XVI, 2006.

As crianças e os meios de comunicação social: um desafio para a educação

O título da mensagem de Bento XVI para o 41º Dia Mundial das Comunicações (2007) evidencia já os três pontos-chave da preocupação do papa e o convite para a reflexão, no mundo que se torna cada vez mais complexo: crianças, meios de comunicação social e educação.

A relação entre crianças, meios de comunicação social e educação, diz o papa, pode ser considerada a partir de duas perspectivas: a formação das crianças por parte dos *mass media*; e a formação das crianças para que respondam apropriadamente aos *mass media*. Sobressai um tipo de reciprocidade que indica as responsabilidades dos meios de comunicação social como indústria e a necessidade de uma participação ativa e crítica dos leitores. E insiste que se formar para o uso apropriado dos meios de comunicação social é essencial ao desenvolvimento cultural, moral e espiritual das crianças.

Educar as crianças a terem senso crítico no uso dos *mass media* é uma responsabilidade que cabe aos pais, à Igreja e à escola. E, citando João Paulo II, lembra que o papel dos pais é de importância primordial. Eles têm o direito e o dever de assegurar o uso prudente dos meios de comunicação social, formando a consciência dos seus filhos a fim de que expressem juízos sadios e objetivos, que sucessivamente há de orientá-los na escolha ou rejeição dos programas disponíveis (Exortação Apostólica *Familiaris Consortio*, n. 76).

Ao agir desse modo, os pais deveriam contar com o encorajamento e a assistência das escolas e das paróquias, para garantir que esse aspecto difícil mas estimulante da educação seja apoiado pela comunidade mais vasta. Com particular ênfase, Bento XVI afirma que, assim como a educação em geral, a educação aos *mass media* exige a formação no exercício da liberdade. Trata-se de uma tarefa exigente. Muitas vezes a liberdade é apresentada como uma busca implacável do prazer e de novas experiências. Contudo, isso é uma condenação, não uma libertação! E os pais deveriam ser guardiães da liberdade que vão concedendo gradualmente aos filhos... (cf. *Discurso no V Encontro Mundial das Famílias*, Valência, 8 de julho de 2006).

A mensagem chama a atenção também para a produção dos meios de comunicação, especialmente no que toca ao entretenimento. Qualquer tendência a realizar programas e produtos – inclusive desenhos animados e videojogos – que, em nome do entretenimento, exaltam a violência e apresentam comportamentos antissociais ou a banalização da sexualidade humana, constitui uma perversão, e é ainda mais repugnante quando tais programas são destinados às crianças e aos adolescentes. Como é que se poderia explicar esse "entretenimento" aos numerosos jovens inocentes que realmente são vítimas da violência, da exploração e do abuso? A esse propósito, prossegue a mensagem, todos deveriam refletir sobre o contraste entre Cristo, que "as tomou [as crianças] nos braços e as abençoou, impondo-lhes as mãos" (Mc 10,16), e aquele que "escandaliza... estes pequeninos", a quem "seria melhor... que lhe atassem ao pescoço uma pedra de moinho" (Lc 17,2).

Bento XVI conclui sua mensagem exortando, uma vez mais, os responsáveis da indústria dos meios de comunicação social a salvaguardarem o bem comum, a promoverem a verdade, a protegerem a dignidade humana de cada indivíduo e a fomentarem o respeito pelas necessidades da família.

"Os meios de comunicação social: na encruzilhada entre protagonismo e serviço. Buscar a verdade para partilhá-la"

A mensagem do Papa Bento XVI por ocasião do 42º Dia Mundial das Comunicações (2008): "Os meios de comunicação social: na encruzilhada entre protagonismo e serviço. Buscar a verdade para partilhá-la", oferece a oportunidade de um tempo de reflexão sobre a comunicação, que faz parte de um "mandato" da Igreja que nos vem, especialmente, do Concílio Vaticano II,[1] quando a Igreja, levando em consideração as

---

[1] Sabemos que a Igreja, através da história, sempre se interessou pela comunicação. A questão é examinar o COMO ela se interessou, porque houve fases, também, de rejeição à comunicação.

profundas transformações da sociedade e avanços na área tecnológica em todos os setores, percebeu, também, o seu "despreparo" nesse campo.[2]

Mídia: parte constitutiva das relações interpessoais e dos processos sociais

O tema coloca em relevo, primeiramente, a importância do papel dos instrumentos de comunicação na vida das pessoas e da sociedade. Tal afirmação poderia parecer óbvia, uma vez que vivemos de forma crescente em uma comunicação planetária sem precedentes. Mas, ao considerar que "não existe âmbito da experiência humana (...) onde os mídia não se tenham tornado parte constitutiva das relações interpessoais e dos processos sociais e econômicos, políticos e religiosos", Bento XVI mostra-se profundamente conhecedor das discussões mais recentes sobre a questão "mídia" e o processo evolutivo que tal fato comporta com respeito à realização, à compreensão do que isso significa para sociedade atual.

Em outras palavras, os mídia tornaram-se "parte constitutiva das relações interpessoais e dos processos sociais, econômicos, políticos e religiosos". Ao dizer "parte constitutiva", é preciso compreender que os mídia transformaram-se em uma cultura. Dizemos, então que vivemos em uma cultura midiática. E o que é uma cultura midiática?

Consideração rápida sobre a evolução do conceito de cultura

Recorrendo à história do conhecimento humano, podemos verificar que em todos os campos das humanidades, desde a filosofia às ciências sociais, da filologia à antropologia (particularmente esta), há definições específicas de cultura. E cada uma dessas ciências sociais adaptam, adéquam e delimitam o conceito de cultura às fronteiras do conhecimento no campo que cada uma cobre. É um conceito com uma lenta história de desenvolvimento, e o sentido que apresenta, hoje, é, de alguma forma, produto da história. Cultura é uma das palavras mais difíceis de definir,

---

[2] Por "despreparo" aqui, entendemos não somente a profissionalização e competência técnica no uso dos meios, mas o despreparo em compreender a evolução da comunicação, na suas mais diferentes expressões, como linguagem, cultura, elemento articulador da sociedade, por exemplo.

não por falta de definições, mas por excesso; na realidade, trata-se de um dos mais complexos conceitos que existem.

Assim, mapeando alguns episódios no desenvolvimento do conceito de cultura, podemos compreender sua grande evolução através dos tempos, adquirindo diferentes sentidos, incorporando novos sentidos conforme as épocas, e os avanços dos estudos, principalmente na área da antropologia.

Nas primeiras discussões da cultura,[3] especialmente aquelas entre os filósofos e historiadores alemães, durante os séculos XVIII e XIX, o termo "cultura" era usado geralmente em referência a um *processo do desenvolvimento intelectual ou espiritual* – um processo que diferia daquele da "civilização". Pode-se dizer que este é o conceito clássico de cultura, definido, então, como o processo do desenvolvimento e enobrecimento das faculdades humanas; um processo facilitado pela assimilação da ciência e arte ligado ao caráter progressivo da era moderna.

Com o aparecimento da disciplina da *antropologia*, no final do século XIX, a concepção clássica abriu caminho para vários conceitos antropológicos de cultura, despojando o conceito de sua conotação etnocêntrica e adaptando-o à etnografia. John B. Thompson[4] distingue duas concepções: concepção descritiva e concepção simbólica. Isto é, os fenômenos culturais tornam-se fenômenos simbólicos, e o estudo da cultura fica essencialmente preocupado com a interpretação dos símbolos e das ações simbólicas.[5] E este é, precisamente, um bom ponto de partida para entender a comunicação como cultura.

Na *fase industrial*, e como *característica da modernidade*, temos a *cultura de massa*, como uma "profusão ilimitada dos signos". Ligada ao processo de desenvolvimento industrial e urbano, a comunicação de massa inicia a produção de um produto industrializado e hegemônico. Consequentemente, temos uma cultura hegemônica. Nesse contexto, a comunicação de massa *se transforma em produção e transmissão* de formas simbólicas. É uma grande mudança, profunda, na sociedade, porque

---

[3] A discussão completa sobre o conceito de "cultura" pode ser encontrada no livro *Cultura midiática e Igreja: uma nova ambiência*, de Joana T. Puntel.

[4] THOMPSON, John B. *Ideology and Modern Culture*. Stanford (California): Stanford University Press, 1990.

[5] Um dos antropólogos que mais contribuiu e orientou os estudos para a análise do significado e do simbolismo, foi Clifford Geertz em: *A interpretação das culturas*, Geertz acredita, como Max Webber, que o homem é um animal amarrado a teias de significados que ele mesmo teceu.

a comunicação de massa, como forma simbólica, começa a mediar a "cultura moderna". É a fase industrial.

No quadro evolutivo da trajetória da comunicação, nas suas diferentes fases, a comunicação chegou, especialmente na *pós-modernidade*, a constituir-se como um fenômeno que atraiu uma atenção especial dos estudiosos e da Igreja, no seu magistério, a ponto de defini-la como uma cultura.[6] Ou seja, uma nova ambiência, um "conjunto de valores", uma "cultura nova", que realmente se constitui em um elemento articulador que gera, administra, sustenta, desenvolve e ancora todos os aspectos de vida/sociedade que apresentamos até o momento.

Enfim, ousamos afirmar que estamos submersos na

> cultura midiática, especialmente porque as novas tecnologias da comunicação nos colocam em um novo território de vivência humana,[7] em que a mente se encontra imersa em um mundo virtual, circunscrita a várias dimensões e mescladas de conexões inter-humano-digitais, mediada por complexo sistema de informações em crescimento exponencial acelerado.[8]

Sem dúvida, estamos diante de uma "revolução perceptiva e cognitiva". Assim, segundo André Lemos, a cultura contemporânea, associada às tecnologias digitais (ciberespaço, simulação, tempo real, processos de virtualização etc.), cria de forma crescente uma nova relação entre a técnica e a vida social que denominamos de cibercultura. E, hoje, uma verdadeira estética do social cresce sob nossos olhos, alimentada pelas tecnologias do ciberespaço. E conclui Lemos, "é a vida social contemporânea, enfim, que deve ser observada, não numa perspectiva de conceitos

---

[6] *Redemptoris Missio*, n. 37c.

[7] Segundo a professora e pesquisadora Rosemaria Rocha (PUC-SP/ESPM), técnica é a ferramenta, mas é algo além da ferramenta. Menciona Heidegger, que já dizia existir algo na técnica que é de natureza não técnica; ela tem uma dimensão física, mas também metafísica. Hoje, na sociedade, a técnica assume uma função quase religiosa, no sentido de que a técnica se tornou algo central. A técnica, com uma dimensão metafísica, participa da construção do sistema simbólico. Não é somente o sistema técnico; nós aprendemos também um modo de pensar a partir da técnica. A pesquisadora aponta ainda para o fato de existir uma *mídia no sentido primário* (um suporte através do qual circulam mensagens – "meu corpo é a primeira mídia; basta um corpo e outro corpo para existir a comunicação". *A mídia secundária*: começa a existir um aparato – corpo, aparato, corpo. Uma fotografia, por exemplo, é uma mídia secundária. *Mídia terciária*: tenho um corpo, um aparato, um outro corpo e um outro aparato (computador, rádio, TV, telefone...) (Palestra proferida no SEPAC, 2006).

[8] BOCCARA, Ernesto G. Apresentação. In GOSCIOLA Vicente. Roteiro para Novas Mídias. São Paulo: Senac, 2003. Ernesto Giovanni Boccara (Instituto de Artes da Unicamp), na apresentação do livro *Roteiro para as novas mídias*.

congelados, mas pela ótica do movimento caótico e sempre inacabado entre as formas técnicas e os conteúdos da vida social".[9]

Inserindo a comunicação no contexto da "pós-modernidade", ela não se limita mais a um único setor (aquele dos meios de comunicação social) da iniciativa humana. A comunicação hodierna inaugura o advento de um complexo modo de viver, redistribui a experiência humana, dá início a um tipo de "civilização" na qual se encontram as culturas e os vários modos de pensar, de agir, de sentir: surge, assim, a interculturalidade e a interdisciplinaridade. A pós-modernidade emerge da modernidade e traz consigo a configuração de "civilização" da modernização das mudanças complexas e abrangentes em todos os aspectos e dimensões da existência humana, hoje. Como dissemos, a comunicação não é mais um conjunto de "instrumentos", de "meios.

Aceitar a comunicação como cultura, porém, requer uma mudança de mentalidade, de métodos de ação. A percepção do mundo se transformou. Mudaram as formas de trabalhar, de produzir. Mentalidade e método, entendidos como cultura, e como fenômeno que está relacionado com tantos outros aspectos da cultura, como economia, política, devem também entrar no processo de mudança no viver, no atuar e no evangelizar. Quando se diz que a comunicação é uma cultura, não queremos dizer que seja uma ideologia, mas sim um aspecto fundamental da sociedade, uma mentalidade e um método, em conexão com um conjunto de outros aspectos da sociedade.

A comunicação, como cultura, é um fenômeno que marca a mudança de época neste início de milênio. Ignorar esse fato ou rejeitá-lo poderá trazer consequências irreparáveis. Mas querer compreendê-lo implica reflexão e consideração pela evolução dos processos comunicativos atuais, que, devido à evolução das tecnologias, se apresentam com novas articulações, em rede e em conectividade. Os processos comunicativos atuais realizam-se sempre mais em processos interativos. Importa lembrar que o esforço para refletir não é um "luxo intelectual", mas uma necessidade e o não amadurecer certas ideias dificultará a mudança, porque não se pode refazer a história por decreto.

A consideração da cultura e da sua evolução, nesse contexto, não pode ser vista separadamente. Isto é, com as novas tecnologias da comunicação, instaura-se uma "nova cultura", compreendida como "um

---

[9] LEMOS, André. *Cibercultura: tecnologia e vida social na cultura contemporânea*. Porto Alegre: Sulina, 2002.

modo de ser e um estilo de vida", uma nova ambiência. A evolução do conceito de cultura, portanto, deve ser considerada contemporaneamente e entrelaçada ao movimento das características da modernidade e pós-modernidade.[10]

Evolução tecnológica vertiginosa... potencialidades extraordinárias. Novas e inéditas interrogações...

Desde os primórdios da humanidade, a comunicação, passando pela dialógica presencial, comunicação de massa, comunicação dialógica não presencial (a era digital), é percebida como uma inegável contribuição "para a circulação das notícias, o conhecimento dos fatos e a difusão do saber: por exemplo, contribuíram de modo decisivo para a alfabetização e a socialização, como também para o avanço da democracia e do diálogo entre os povos". E continua o papa, "sem a sua contribuição seria verdadeiramente difícil favorecer e melhorar a compreensão entre as nações (...) garantir ao homem o bem primário da informação...".

Entretanto, um ponto de capital importância, que Bento XVI traz para a reflexão, é que "os mídia, no seu conjunto, não servem apenas para a difusão das ideias, mas podem e devem ser instrumentos a serviço de um mundo mais justo e solidário". E acrescenta o papa, "infelizmente, é bem real o risco de, pelo contrário, se transformarem em sistemas que visam submeter o homem a lógicas ditadas pelos interesses predominantes de momento".

Vale a pena ater-nos às palavras tão explícitas do papa, em sua mensagem, para a reflexão provocativa que, a meu ver, não poderia passar em branco. Observa o pontífice que é o caso de uma comunicação usada para fins ideológicos ou para a venda de produtos de consumo mediante uma publicidade obsessiva. Com o pretexto de se apresentar a realidade, de fato tende-se a legitimar e a impor modelos errados de vida pessoal, familiar ou social. Além disso, para atrair os ouvintes, a chamada cota de audiências, por vezes, não se hesita em recorrer à transgressão, à vulgaridade e à violência. Existe, enfim, a possibilidade

---

[10] O diagrama para a ilustração de uma leitura integrada dessa realidade (cultura, modernidade, pós-modernidade) pode ser encontrado, detalhadamente, no livro *Cultura midiática e Igreja: uma nova ambiência*, de Joana T. Puntel.

de serem propostos e defendidos, através dos *media*, modelos de desenvolvimento que, em vez de reduzir, aumentam o desnível tecnológico entre países ricos e pobres (2008).

A encruzilhada...

De fato, na era digital em que vivemos, a sociedade (o papa usa "a humanidade") encontra-se hoje numa encruzilhada: a ambiguidade de um progresso, oferecendo inéditas potencialidades para o bem. Ao mesmo tempo esse "progresso" abre "possibilidades abissais de mal que antes não existiam", afirma o papa em seu documento *Spe Salvi*, n. 22, 2007.

A interrogação que se coloca aqui é se devemos deixar que os meios de comunicação se ponham a serviço de um protagonismo indiscriminado [uma autorreferência!] ou acabem em poder de quem se serve deles para manipular as consciências. E a mensagem do papa levanta a interrogação "Não se deveria, antes, fazer com que permaneçam ao serviço da pessoa e do bem comum e favoreçam a formação ética do homem, o crescimento do homem interior?" *(Spe Salvi*, n. 22, 2007).

Há algumas décadas, o estudo da comunicação centrava-se sobre a questão dos sistemas sociológicos dos meios, as organizações de mídia e assim por diante. Com o desenvolvimento da semiótica, passou-se a considerar mais a questão da linguagem, o que é, sem dúvida, muito importante e tem-nos trazido avanços incalculáveis na compreensão da comunicação, em nossos dias. Hoje, por exemplo, com a mídia digital, a palavra "de ordem" é "convergência". O mundo digital vive uma grande convergência.

Mas a questão levantada pelo papa é sobre algo que, sem dúvida, devemos voltar a refletir, isto é, o *protagonismo* (autorreferência) com interesses predominantes. Quais são os interesses predominantes, por exemplo, hoje? Indiscutivelmente, é o mercado, o lucro, o consumo. Há uma alteração, perigosa, enfatiza o papa, na função dos meios que "em certos casos os mídia são utilizados, não para um correto serviço de informação, mas para 'criar' os próprios acontecimentos". Protagonismo enquanto "algo que está em evidência", "o foco das atenções", " maior audiência" (2008).

Trata-se de realidades apresentadas pelos meios de comunicação "que incidem profundamente em todas as dimensões da vida humana (moral, intelectual, religiosa, relacional, afetiva, cultural), estando em jogo o bem da pessoa". Com firmeza, diz o papa que "nem tudo aquilo que for tecnicamente possível é eticamente praticável".

É inegável o impacto dos meios de comunicação sobre a vida do homem contemporâneo. Mas é preciso considerar que eles criam uma nova cultura (pois são constitutivos do processo de relacionalidade cotidiana), como já mencionamos no início de nossa exposição. Portanto, os meios de comunicação colocam em jogo "dimensões constitutivas do homem e da sua verdade". Infelizmente, "quando a comunicação deixa de ter em conta a centralidade e a dignidade inviolável do homem, (...), ela influi negativamente sobre a consciência, as decisões e condiciona a liberdade e a própria vida das pessoas" (2008).

Nesse sentido, e com firmeza, Bento XVI fala da necessidade de uma "INFO-ÉTICA tal como existe a bioética no campo da medicina e da pesquisa[11] científica relacionada com a vida" (2008).

Novas tecnologias, novas relações. Promover uma cultura de respeito, de diálogo, de amizade

Há quarenta e três anos, o Magistério da Igreja, através das mensagens dos Papas Paulo VI, João Paulo II e Bento XVI, acompanha o desenvolvimento e as contínuas mudanças que ocorrem no âmbito da comunicação, um fenômeno em contínua transformação, na explosão de sua criatividade, de suas articulações e de suas consequências na sociedade contemporânea. O primado de tais mensagens, segundo a missão fundamental da Igreja, tem sido sempre colocar a pessoa humana como centro do papel histórico e da função que os meios de comunicação têm na construção do viver humano, segundo a sua vocação basilar de ser humano e filho de Deus.

Portanto, com o intuito de "suscitar na Igreja e no mundo uma atitude social nova e salutar com relação ao uso desses instrumentos", desde 1967, os papas escrevem anualmente uma mensagem, discorrendo sobre o tema escolhido para a reflexão de cada ano. Em 2009, temos a significativa mensagem de Bento XVI: "Novas tecnologias, novas relações. Promover uma cultura de respeito, de diálogo, de amizade".

---

[11] É de grande importância desenvolver a pesquisa no âmbito citado por Bento XVI.

A crescente consciência da Igreja a respeito da comunicação

Primeiramente, percebe-se a atualidade da mensagem, expressa já no título, por parte de Bento XVI, que reafirma o pensamento positivo do Magistério sobre a comunicação, semeado ao longo de seus documentos. E a consideração das "maravilhosas invenções técnicas" como dons de Deus, na medida que criam laços de solidariedade entre as pessoas, é também o resultado do esforço humano, portanto do processo histórico-científico. O avanço das tecnologias de comunicação, entretanto, constitui para a Igreja, não somente objeto de "uso" dos meios, mas uma preocupação e um incentivo para perceber a comunicação como "mais do que um simples exercício na técnica" (*Igreja e Internet*, n. 3).

Na verdade, a Igreja, já no seu documento *Redemptoris Missio* (n. 37c-1990), chamava a atenção para um aspecto fundamental que constituiu a grande "reviravolta" da reflexão do Magistério eclesial em relação ao mundo da comunicação e que é de capital importância neste momento da história Igreja-sociedade. A Igreja esforçou-se para compreender os *new media*, e progrediu no expressar-se com mais clareza a respeito do impacto que eles têm na construção social, passando, então, a refletir sobre a comunicação (embora haja muito caminho a percorrer!) não mais de forma restrita ou somente como "meios" ou "instrumentos" (isolados) a serem usados ou dos quais se precaver. Mas a Igreja refere-se à cultura da comunicação como um "ambiente", no qual estamos imersos e do qual participamos. Trata-se de uma cultura, a *cultura midiática*, em que a comunicação é o elemento articulador das mudanças que ocorrem na sociedade de hoje.

Há uma crescente consciência das profundas transformações operadas pelos novos meios de comunicação e, portanto, diz o referido documento: "não é suficiente, usá-los [os meios] para difundir a mensagem cristã e o Magistério da Igreja, mas é necessário integrar a mensagem nesta 'nova cultura', criada pelas modernas comunicações".

Um cenário em mudança

Hoje, vivemos numa "encruzilhada" perante os desafios da cultura midiática, pois a comunicação se apresenta progressivamente como *elemento articulador da sociedade*. Desafios esses que ultrapassam o "uso" da tecnologia e tocam a esfera da cultura e da questão ética, e, portanto, do ser cristão (discípulo e missionário, segundo o que nos aponta o Documento de Aparecida), no grande e moderno areópago das comunicações.[12]

Seria redundância dizer que a comunicação é um dos fenômenos mais importantes dos séculos XX e XXI. Hoje, a comunicação é o "tema central" de um grande número de correntes intelectuais que pensam sobre ela, com abordagens de longo alcance que formam um corpo consistente de visões rivais sobre a matéria, embora se tenha de admitir que o campo da comunicação apresenta-se desarticulado, conflituoso e, por vezes, confuso devido à velocidade e complexidade com que se misturam mercado, tecnologia, e necessidade de o ser humano relacionar-se. O mundo da comunicação se articula, favorece e se movimenta dentro de sistemas existentes que tocam a esfera da antropologia, do sociocultural, e, portanto, inclui o âmbito humano-cristão.

No contexto de pós-modernidade, a comunicação, descrita, hoje, com uma variedade e diversidade de definições, conquistou, ao longo do tempo, novos parâmetros junto à economia, à política, à filosofia e à cultura. Não obstante a diversidade de ângulos, há um consenso entre os estudiosos da sociedade ao indicar a comunicação como um aspecto essencial, que *articula* e *move* a lógica da mudança hoje.

Não há dúvida de que todo o universo da comunicação foi sensivelmente influenciado, nos últimos anos, pela intervenção de novidades técnicas que revolucionaram as características das modalidades operativas, dos valores e dos aspectos culturais. O decênio (1990-2000) foi definido como década digital e sua incidência na sociabilidade e modalidades de conexão (relacionamento) no viver cotidiano se configura como um dos desafios essenciais para pensar e compreender o lugar ocupado pela comunicação, especialmente na sua versão midiática, no mundo contemporâneo. O progresso das novas tecnologias convive sempre mais com o nosso dia a dia e se verifica, de forma crescente, uma invasão eletrônico-comunicativa do social.

Quando olhamos em volta, logo percebemos o quanto a nossa sociedade está repleta, num caminho ascendente, de pequenas janelas digitais que atraem nossa atenção. "Janelas" que prometem notícias, avisos, diversão, recados de amigos... São os visores dos celulares, termi-

---

[12] Cf. RM, n. 37c.

nais eletrônicos nos bancos, bips, espaços de informações em shoppings e aeroportos, computadores e televisão digital, "GameBoys" e "Tamagochis"... entretanto, todos têm em comum o fato de que só conversam conosco se soubermos manipulá-los, enfatiza o pesquisador Rogério Costa, em seu pequeno-grande livro *Cultura digital*.[13] Nesse contexto ocorre uma mudança que dá início a uma série de transformações, inclusive no modo de conceber o computador, isto é, os instrumentos informáticos não são vistos apenas como meios de transformação e uso da informação, mas também como instrumento de suporte para as outras atividades do indivíduo.

Vivemos em um planeta envolto em uma infinita rede comunicativa, onde a pessoa, em qualquer lugar do globo, pode entrar em contato com outra pessoa, cultura, trabalho, entretenimento. Chegou-se a uma etapa na qual cada ser humano se transforma em um "nó" comunicativo coligado a todos os outros. Nessa perspectiva, não se poderá mais viver senão "em rede". Estamos imersos no fluxo da comunicação midiatizada como se fosse "num aquário".

Essas inovações trazem em seu bojo vantagens indiscutíveis e notáveis progressos também do ponto de vista sociocultural. As novas tecnologias da comunicação constituem um aspecto essencial da sociedade industrial avançada: dos bancos de dados aos instrumentos interativos, da alta definição à realidade virtual, do satélite à fibra ótica, à internet. A visão atual e de futuro que se propõe à sociedade na sua mudança, hoje, nos impele a olhar a comunicação social como um fenômeno cultural dos nossos tempos, que organiza e move a globalização, a modernidade e a pós-modernidade.

Facilmente identificamos as inúmeras modificações na esfera do trabalho, marcado cada vez mais pela presença de computadores, da internet e dos telefones celulares. Se considerarmos o âmbito da educação, são milhares os pesquisadores, professores, estudantes que apostam na internet, vendo-a como um fator indispensável na evolução do ensino, nas suas formas a distância e presencial. São indiscutíveis as profundas transformações na área do entretenimento. Iniciando o século XXI, já se apresenta a TV digital interativa, que, certamente, em um futuro muito próximo, se tornará símbolo de interação com imagens e dados.

---

[13] COSTA, Rogério da. A cultura digital. São Paulo: Publifolha, 2003.

Novas relações

Considerando o quadro evolutivo da trajetória da comunicação, mencionado brevemente, e a provocação que a cultura midiática cria e recria na sociedade hoje, damo-nos conta de que algo, nunca vivido anteriormente, está se passando e "forjando um novo sujeito" na sociedade, em que permanecem necessidades fundamentais do ser humano, mas modifica-se rápida e profundamente a sua forma de se relacionar. É o que constitui o aspecto antropológico-cultural da mensagem de Bento XVI, com o tema "Novas tecnologias. Novas relações".

Colocada no contexto da "pós-modernidade", a comunicação não se restringe à mais um único setor da atividade humana (aquele dos meios de comunicação social). Ela inaugura o advento de um complexo modo de viver, redistribui e interage com a cotidianidade das pessoas, em que se constroem os significados através das formas simbólicas e da diversidade da linguagem da mídia. Já advertia André Lemos, a respeito do ciberespaço como um novo ambiente que cria uma nova relação entre a técnica e a vida social,[14] espaço onde se encontram as culturas e os vários modos de pensar, agir, sentir.

O eixo fundamental reside no fato de compreender o que significa encontrar-se diante de uma verdadeira "revolução" tecnológica que exige ir além dos instrumentos, bem como tomar consciência das "mudanças" fundamentais que as novas tecnologias operam nos indivíduos e na sociedade, por exemplo, nas relações familiares, de trabalho, entre outros. A questão não se coloca, portanto, entre o aceitar ou rejeitar. Estamos diante de um fenômeno global, que se conjuga com tantos outros aspectos da vida social e eclesial. As palavras de João Paulo II, na Encíclica *Redemptoris Missio*, são claras: "Não basta usar (os meios) para difundir a mensagem cristã... mas é preciso integrar a mensagem nesta "nova cultura" criada pela comunicação social" (n. 37c).

A questão de fundo, portanto, já não é apenas reconhecer que os meios de comunicação passaram, em pouco tempo, de emergentes na vida social, para uma centralidade na maneira de estruturar e explicar essa vida social. A questão de fundo ultrapassa o "reconhecer" e reside na sua significação, ou seja, no seu *lugar social*.

---

[14] LEMOS, André. *Cibercultura – tecnologia e vida social na cultura contemporânea*. Porto Alegre: Sulina, 2002.

Coloca-se, então, aqui o ponto fundamental da discussão atual da cultura digital, ou seja, diante do fenômeno das novas tecnologias, é preciso ter cuidado para não considerar a *convergência* somente como um processo tecnológico que une múltiplas funções dentro dos mesmos aparelhos. Pois, a convergência, segundo Henry Jenkins,[15] representa, sim, uma transformação cultural, na medida em que consumidores são incentivados a procurar informações e a fazer conexões em meio a conteúdos midiáticos dispersos. Trata-se de uma "cultura participativa", que contrasta com noções mais antigas sobre a passividade dos espectadores dos meios de comunicação. Em vez de falar sobre produtos e consumidores de mídia como ocupantes de papéis separados, podemos, agora, considerá-los como participantes, interagindo de acordo com um novo conjunto de regras que nenhum de nós, realmente, entende por completo. Sendo assim, a convergência não ocorre, continua Jenkins, por meio de aparelhos, por mais sofisticados que venham a ser. "A convergência ocorre dentro dos cérebros de consumidores individuais e em suas interações sociais com outros."

Refletimos, então, sobre as *novas relações* que as *novas tecnologias* vêm provocando e já realizando, como vimos ao longo do texto. Mudam as formas, mas a necessidade humana de nos relacionarmos permanece. É de grande importância reter o conceito fundamental de que o ser humano vive a dinâmica constante de autocompreensão de si mesmo, bem como de autoconstrução. É por isso que sempre falamos de sua necessidade intrínseca de estar em relação consigo mesmo, com a sociedade, com o outro e com o transcendente. O ser humano busca sempre a relação, o contato com o outro.

Especialmente na cultura digital é enorme a capacidade de relação dos indivíduos com os inúmeros ambientes de informação. São as famosas interfaces, pois se colocam entre os usuários e tudo aquilo que eles desejam obter. O mundo está a um clique, onde se encontram informações, mas também o excesso, a escolha, a incerteza: isto é, manipulação de dados, imagens, sons, conexões através da web, formação das comunidades virtuais, oportunidades de protestos, de defesa de direitos humanos, convites às mais variadas formas de participação... formam o dia a dia do indivíduo hoje. Isso implica novas relações (COSTA, op. cit.).

---

[15] JENKINS, Henry. *Cultura da convergência*. São Paulo: Editora Aleph, 2008.

Algo importante, porém, é preciso enfatizar na transformação comunicacional: nas múltiplas formas de conhecer, ser e estar, portanto, nos usos das novas tecnologias,

> a mente, a afetividade e a percepção são agora estimuladas, não apenas pela razão ou imaginação, mas também pelas sensações, imagens em movimento, sonoridades, efeitos especiais, visualização variada do impossível, encenação de outras lógicas possíveis de construir realidades e se construírem como sujeitos.[16]

"... Promover uma cultura de respeito, de diálogo, de amizade"

Partindo, então, do novo mapa, ou da reconfiguração do processo comunicacional, na sociedade contemporânea, somos convidados a pensar que a sociedade atual se rege pela midiatização, quer dizer, pela tendência à virtualização das relações humanas, à excitação de todos os sentidos e emoções, à provocação do imaginário e dos desejos. Hoje, o indivíduo é solicitado a viver pouco autorreflexivamente e mais na superficialidade do que percebe, sabe e sente. No horizonte comunicacional da interatividade absoluta, põe-se em primeiro plano o envolvimento sensorial, a pura relação. A própria recepção ou consumo dos produtos midiáticos pode ser vista como uma atividade rotineira integrada em outras que são características da vida cotidiana.

Daí a importância de, além de observar esse fenômeno, educar para a relacionalidade e trabalhar com cuidado as interações, os usos e os consumos no contexto das dinâmicas culturais. Assim, a atenção se volta, primeiramente, para os processos que estão envolvidos na recepção, para o modo de construir significados e para os mecanismos de ressignificação e aplicação da simbologia midiática entre outros aspectos. Aí ocorrem os processos de negociação, de significação dos novos sentidos. Pois, como vimos, com as novas tecnologias, em que estamos imersos, não temos mais simplesmente novos aparatos, mas, sobretudo, novos espaços simbólicos, geração de significados, formas inéditas de relações, oportunidades de novas identidades, novos sujeitos.

A mensagem de Bento XVI, para o 43º Dia Mundial das Comunicações (2009), vem nos dizer, entretanto, que, justamente, nesse novo

---

[16] BORELLI, Sílvia H.; FREIRE FILHO, João (org.). *Culturas juvenis no século XXI*. São Paulo: EDUC, 2008.

panorama comunicacional, por vezes assustador, está a oportunidade de promover *uma cultura de respeito, de diálogo, de amizade*. Tudo depende de uma pessoa bem formada nos princípios. Isso requer:

– sistemas educativos que apontem, desde a infância, para essa possibilidade (e para isso, os documentos da Igreja, sobretudo *Igreja e Internet* e *Ética na Internet* [2002], são enfáticos sobre tal necessidade). Uma educação (escolas, universidades) competente em compreender e discutir as modalidades e linguagens comunicacionais contemporâneas, apresentando e dialogando sobre os valores essenciais da pessoa humana, sob o ponto de vista humano-cristão. Assim, o conteúdo que circulará nas "interatividades" existentes na cultura digital será de respeito, de amizade e de valorização do ser humano. Trata-se de grande oportunidade para a educação, pois toda expressão comunicacional será o "produto" daquilo que a pessoa tem dentro de si, como princípio, como valor;

– a produção de programas (*softwares* etc.) e conteúdos que favoreçam e promovam o desenvolvimento de conteúdos que constroem e alimentam o respeito, a dignidade e as relações de amizades e bem-estar do ser humano. A circulação desses valores, nas interconexões, nas interfaces que as novas tecnologias nos proporcionam, dependem também da criatividade de quem produz comunicação – os operadores da comunicação. Reside aqui uma tarefa de grande responsabilidade para esses profissionais, e a quem o papa faz um apelo todo particular. De modo especial, são eles os atores principais na construção de uma sociedade pautada nos valores e a quem devemos apoiar e nos unir.

Oxalá a mensagem de Bento XVI seja de estímulo para a discussão, o debate, a conscientização e para novas criatividades, dentro e fora da Igreja, para a construção de uma sociedade comunicacional baseada na promoção do respeito, do diálogo e da amizade. Valores esses constitutivos da evangelização, missão essencial da Igreja.

Apaixonados anunciadores da Boa-Nova na "ágora" moderna

Palavras cheias de significado estão contidas na frase acima, extraídas do final da mensagem de Bento XVI, para o 44º Dia Mundial das Comunicações de 2010. O tema é convidativo, mas também provocador, especialmente para quem deseja desenvolver uma evangelização séria, inculturada e comprometida com o diálogo entre fé e cultura: "O sacerdote e a pastoral no mundo digital: os novos mídia ao serviço da Palavra".

Como cristãos, é grande a satisfação por constatar que o Magistério da Igreja avança no esforço e no incentivo de que a Igreja seja um sinal que aponte Jesus Cristo, mas na "ágora moderna". Sim, é ali que a Igreja deve *ser* e *estar*. "Este é um dos caminhos onde a Igreja é chamada a exercer uma 'diaconia da cultura' no atual *continente digital*" (Mensagem 2009). E o Papa Bento XVI, continuando sua reflexão, nessa linha, por ocasião do Dia Mundial das Comunicações, volta-se, agora de maneira especial, aos sacerdotes, cuja tarefa principal é a de "anunciar Cristo, Palavra de Deus encarnada"; e como diz Paulo: "Ai de mim se não evangelizar" (1Cor 9,16).

Dessa tarefa jamais o sacerdote poderá abdicar. Mas as formas de fazê-lo, sim, estas devem avançar, atualizar-se. Estamos, agora, no mundo digital, em outras palavras, em uma *nova ambiência*, onde o mundo inteiro, graças às novas tecnologias de comunicação, vive uma cultura midiática, em que impera o digital. As transformações vividas no mundo de hoje nos fazem encontrar um "novo sujeito" com o qual a evangelização (e, no caso, os presbíteros) deve se comprometer e ocupar-se pastoralmente.

Nas palavras de Bento XVI, aos presbíteros, é pedida a capacidade de estarem presentes no mundo digital em constante fidelidade à mensagem evangélica, para desempenharem o próprio papel de animadores de comunidades, que hoje se exprimem cada vez mais frequentemente através das muitas "vozes" que surgem do mundo digital, bem como de anunciarem o Evangelho recorrendo não só aos *media* tradicionais, mas também ao contributo da nova geração de audiovisuais (fotografia, vídeo, animações, blogs, páginas internet) que representam ocasiões inéditas de diálogo e meios úteis inclusive para a evangelização e a catequese (2010).

Vários são os desafios que decorrem da afirmação do pontífice, já aqui enunciada, e que nos fazem refletir em profundidade e sinceridade, mesmo que a extensão do comentário seja breve, mas não superficial. É o COMO o sacerdote é convidado a estar presente, com capacidade, no mundo digital.

Primeiramente ser "apaixonado" pela Palavra. Longe de colocar-se como um simples operador dos mídia, o presbítero é convidado (e chamado!) a aproveitar-se sabiamente de todas as oportunidades que a comunicação moderna oferece. Mas deve ser um apaixonado! Assim diz o papa: "que o Senhor vos torne apaixonados anunciadores da Boa--Nova na 'ágora' moderna criada pelos meios atuais de comunicação" (...) O presbítero deve fazer transparecer o seu coração de consagrado, para dar uma alma não só ao seu serviço pastoral, mas também ao fluxo comunicativo ininterrupto da "rede" (2010).

Aqui se delineia todo uma espiritualidade comunicativa, profunda, do sacerdote, que deve ser consciente para não se deixar levar simplesmente pelo *fascínio da máquina* e ser mais um "operador" da mídia, mas ser capaz de "mostrar" ali, nessa nova ambiência, o rosto misericordioso de Deus. É a garantia da pastoral, a alma da pastoral: sua intimidade com o Senhor, que, agora, no mundo digital, o sacerdote abraça como uma nova modalidade de anunciar Jesus.

Insiste Bento XVI: "é preciso não esquecer que a fecundidade do ministério sacerdotal deriva primariamente de Cristo encontrado e escutado na oração, anunciado com a pregação e o testemunho da vida, conhecido, amado e celebrado nos sacramentos sobretudo da Santíssima Eucaristia e da Reconciliação" (2010).

Outro desafio: ser competentes, com uma sólida preparação teológica e uma consistente renovação cultural, que se atualiza constante e progressivamente, oferecendo segurança em trilhar por caminhos novos de evangelização, abrindo (e deixando abrir!) novos horizontes para que a Palavra seja mais viva em calar no coração dos que a recebem, na cultura contemporânea. Portanto, a formação e a atualização são indispensáveis, e já foram recomendadas abundantemente nos documentos da Igreja sobre a comunicação. Nesse desafio, entra o da abertura para os leigos, um espaço que, em muitíssimos ambientes da Igreja, deve ainda ser conquistado.

Além de COMO o sacerdote é convidado a estar presente, no mundo digital, apresenta-se, também, o COMO IR ao mundo digital. Além dos itens já mencionados e, de certa forma, inseridos também nesta nova consideração, o papa afirma que a tarefa de quem opera, como consagrado, nos mídia é aplanar a estrada para novos encontros, assegurando sempre a qualidade do contato humano e a atenção às pessoas e às suas verdadeiras necessidades espirituais; oferecendo, às pessoas que vivem nesta nossa era "digital", os sinais necessários para reconhecerem o Senhor; dando-lhes a oportunidade de se educarem para a expectativa e a esperança, abeirando-se da Palavra de Deus que salva e favorece o desenvolvimento humano integral (2010).

Depreende-se daí que, no mundo digital, o presbítero não vai encontrar o "sujeito" que, talvez desejaria, mas alguém que vive nas numerosas encruzilhadas, arquitetadas em um "denso emaranhado das autoestradas que sulcam o *ciberespaço*". *É justamente ali que se poderá afirmar* "o direito de cidadania de Deus em todas as épocas, (...), através das novas formas de comunicação, possa passar pelas ruas das cidades e deter-se no limiar das casas e dos corações, fazendo ouvir de novo a sua voz: "Eu estou à porta e chamo. Se alguém ouvir a minha voz e Me abrir a porta, entrarei em sua casa, cearei com ele e ele comigo" (Ap 3,20) (2010). O diálogo, portanto, sempre terá em conta as diferenças e a diversidade de opiniões. Devemos ir para dialogar e propor. Nunca para impor!

Abrir caminhos para a esperança, no mundo digital, e o diálogo com os não crentes são oportunidades sem par que o mundo do ciberespaço oferece à pastoral, hoje. Por isso, uma pastoral no mundo digital precisa levar em conta também aqueles que não acreditam, os que caíram no desânimo, mas têm em seus corações desejos de absoluto e de verdades que não passam. E conclui o papa: "do mesmo modo que o profeta Isaías chegou a imaginar uma casa de oração para todos os povos (cf. Is 56,7), não se poderá porventura prever que a *internet* possa dar espaço – como o "pátio dos gentios" do Templo de Jerusalém – também àqueles para quem Deus é ainda um desconhecido?"

Verdade, anúncio e autenticidade de vida na era digital

Além de reconhecer que a revolução industrial produziu uma mudança profunda na sociedade, a atual mensagem do papa (2011) enfatiza que hoje a profunda transformação operada no campo das comunicações guia o fluxo de grandes mudanças culturais e sociais.

Parte do grande destaque da mensagem, que requer reflexão, é o reconhecimento da Igreja pelas transformações sociais culturais, provocadas pelas novas tecnologias, que introduzem não somente um modo novo de comunicar, mas nos fazem olhar a "mudança" da "própria comunicação em si mesma". Daí a decorrência de que não se trata somente de "novidades" das tecnologias, mas "está a nascer uma nova maneira de aprender e pensar". É como se estivéssemos vivendo uma nova civilização. Aprender e pensar, ousamos dizer, necessitam absorver uma modalidade nova, nos sistemas de educação, de elaboração do pensamento, entre outros. A consequência pode ser óbvia, como entendimento, mas como prática requer a mudança de métodos de ensino, de informação, de comunicação, de evangelização.

Novas possibilidades se apresentam, no mundo digital, mas, ao mesmo tempo, impõe-se "de modo cada vez mais premente uma reflexão séria acerca do sentido da comunicação na era digital". As redes na internet, como exemplo, oferecem extraordinárias potencialidades, mas também "a complexidade de suas aplicações". O pontífice agrega que as novas tecnologias da comunicação pedem para ser postas a serviço do bem integral da pessoa e da humanidade inteira. Usadas sabiamente, podem contribuir para satisfazer o desejo de sentido, verdade e unidade que permanece na aspiração mais profunda do ser humano (2011).

É nesse "mundo digital" que se ancora o palco planetário onde se movem as pessoas, sobretudo nos *social network*. Os jovens, expressa a mensagem, são os principais sujeitos que transitam pela mudança da comunicação; vivem as contradições e a criatividade "própria de quantos se abrem com entusiasmo e curiosidade às novas experiências da vida". Nas redes sociais se estabelecem novas formas de relação interpessoal; há uma influência na percepção de si próprio e, por consequência, da autenticidade do próprio ser. Nesse confronto e busca de partilha, enfatiza o papa, é imprescindível a pergunta: "quem é o meu próximo, neste novo mundo? (...) Também na era digital, cada um vê-se confrontado com a necessidade de ser pessoa autêntica e reflexiva".

O estilo cristão de estar nas redes, sem dúvida, diz o papa, vai desafiar algumas lógicas próprias da web, porque a verdade que somos chamados a partilhar "não extrai o seu valor da sua popularidade, ou da quantidade de atenção que lhe é dada"(...) A verdade do Evangelho não é algo que possa ser objeto de consumo ou de fruição superficial, mas dom que requer uma resposta livre".

O olhar positivo da Igreja convida todos os cristãos a exercerem uma criatividade consciente e responsável na rede de relações que as possibilidades da era digital proporcionam, porque "ela se tornou parte integrante da vida humana". Aí, na web, somos chamados a contribuir para desenvolver com formas novas "a consciência intelectual e espiritual, de certeza compartilhada".

No mundo digital, transmitir informações significa com frequência sempre maior inseri-las numa rede social, onde o conhecimento é partilhado no âmbito de intercâmbios pessoais. A distinção clara entre o produtor e o consumidor da informação aparece relativizada, pretendendo a comunicação ser não só uma troca de dados, mas também e cada vez mais uma partilha. Essa dinâmica contribuiu para uma renovada avaliação da comunicação, considerada primariamente como diálogo, intercâmbio, solidariedade e criação de relações positivas. Por outro lado, isso colide com alguns limites típicos da comunicação digital: a parcialidade da interação, a tendência a comunicar só algumas partes do próprio mundo interior, o risco de cair numa espécie de construção da autoimagem que pode favorecer o narcisismo (2011).

Enfatiza a mensagem que o envolvimento cada vez maior no público areópago digital (principalmente os jovens) dos chamados *social network* leva a estabelecer novas formas de relação interpessoal, influi sobre a percepção de si próprio e, por conseguinte, inevitavelmente, coloca a questão não só da justeza do próprio agir, mas também da autenticidade do próprio ser. A presença nesses espaços virtuais pode ser o sinal de uma busca autêntica de encontro pessoal com o outro, se se estiver atento para evitar os seus perigos, como refugiar-se numa espécie de mundo paralelo ou expor-se excessivamente ao mundo virtual. Na busca de partilha, de "amizades", confrontamo-nos com o desafio de ser autênticos, fiéis a si mesmos, sem ceder à ilusão de construir artificialmente o próprio "perfil" público (2011).

Também na era digital, prossegue o papa, cada um vê-se confrontado com a necessidade de ser pessoa autêntica e reflexiva. Aliás, as dinâmicas próprias dos *social network* mostram que uma pessoa acaba sempre envolvida naquilo que comunica. Quando as pessoas trocam informações, estão já a partilhar-se a si mesmas, a sua visão do mundo, as suas esperanças, os seus ideais. Segue-se daqui que existe um estilo cristão de presença também no mundo digital: traduz-se numa forma de comunicação honesta e aberta, responsável e respeitadora do outro. Comunicar o Evangelho através dos novos *media* significa não só inserir conteúdos declaradamente religiosos nas plataformas dos diversos meios, mas também testemunhar com coerência, no próprio perfil digital e no modo de comunicar, escolhas, preferências, juízos que sejam profundamente coerentes com o Evangelho, mesmo quando não se fala explicitamente dele (2011).

O compromisso por um testemunho do Evangelho na era digital exige que todos estejam particularmente atentos aos aspectos dessa mensagem, que possam desafiar algumas das lógicas típicas da web. Antes de tudo, devemos estar cientes de que a verdade que procuramos partilhar não extrai o seu valor da sua "popularidade" ou da quantidade de atenção que lhe é dada. Devemos esforçar-nos mais em dá-la conhecer na sua integridade do que em torná-la aceitável, talvez "mitigando-a". Deve tornar-se alimento cotidiano e não atração de um momento. A verdade do Evangelho não é algo que possa ser objeto de consumo ou de fruição superficial, mas dom que requer uma resposta livre. Mesmo que seja proclamada no espaço virtual da rede, ela sempre exige ser encarnada no mundo real e dirigida aos rostos concretos dos irmãos e irmãs com quem partilhamos a vida diária. Por isso permanecem fundamentais as relações humanas diretas na transmissão da fé! (2011).

Bento XVI convida os cristãos a unirem-se confiadamente e com criatividade consciente e responsável na rede de relações que a era digital tornou possível; e não simplesmente para satisfazer o desejo de estar presente, mas porque esta rede tornou-se parte integrante da vida humana. A web está contribuindo para o desenvolvimento de formas novas e mais complexas de consciência intelectual e espiritual, de certeza compartilhada. Somos chamados a anunciar, neste campo também, a nossa fé: que Cristo é Deus, o Salvador do homem e da história, Aquele em quem todas as coisas alcançam a sua perfeição (cf. Ef 1,10) (2011).

Em última análise, a verdade que é Cristo constitui a resposta plena e autêntica àquele desejo humano de relação, comunhão e sentido que sobressai inclusivamente na participação maciça nos vários *social network*. Os crentes, testemunhando as suas convicções mais profundas, prestam uma preciosa contribuição para que a web não se torne um instrumento que reduza as pessoas a categorias, que procure manipulá-las emotivamente ou que permita aos poderosos monopolizar a opinião alheia. Pelo contrário, *os crentes encorajam* todos a manterem vivas as eternas questões do homem, que testemunham o seu desejo de transcendência e o anseio por formas de vida autêntica, digna de ser vivida. Precisamente essa tensão espiritual própria do ser humano é que está por detrás da nossa sede de verdade e comunhão e nos estimula a comunicar com integridade e honestidade (2011).

E o papa conclui com um convite aos jovens a fazerem bom uso da sua presença no areópago digital.

Comunicar a partir do silêncio e da Palavra

Para o 46º Dia Mundial das Comunicações de 2012, o tema proposto por Bento XVI pode ter suscitado algumas reações, por exemplo, de estranheza ou de pensamento paradoxal do Magistério da Igreja, em relação às suas mensagens precedentes no que diz respeito à comunicação, especialmente a cultura digital. Se isso ocorreu, é sempre importante lembrar o objetivo do Dia Mundial das Comunicações: refletir, analisar, rezar o complexo mundo das comunicações e, portanto, descobrir caminhos de evangelização na cultura vivida na sociedade contemporânea.

Pelo contrário, se analisadas em profundidade as três últimas mensagens de Bento XVI, verificar-se-á grande sintonia, um *link* apropriado para uma reflexão progressiva do cristão dentro do mundo digital. Constatamos que nas mensagens de 2009: "Novas tecnologias, novas relações; promover uma cultura de respeito, de diálogo, de amizade", de 2010: "O sacerdote e a pastoral no mundo digital: os novos mídia ao serviço da Palavra", e de 2011: "Verdade, anúncio e autenticidade da vida na era digital", o papa demonstra não somente que a Igreja, em termos de conceitos, está atualizada a respeito das mudanças que ocorrem na área da comunicação, mas que, consequentemente, o ser humano se move em meio a novos paradigmas, novas realidades e relacionalidades inéditas, na cultura digital. Insiste o papa que devemos conhecer, realizar o diálogo entre fé e cultura e, por isso, o olhar atento do cristão deve "estar dentro" daquilo que são ocasiões inéditas de diálogo e que vai exigindo novas expressões da fé, novos métodos para a evangelização e a catequese. Daí a decorrência do que nos lembrava o papa (2011), que não se trata de um fato reduzido somente a "novidades" das tecnologias, mas que "está nascendo uma nova maneira de aprender e pensar".

Uma conexão fundamental com a mensagem precedente é quando o papa afirma que a "tecnologia, por si só, não pode estabelecer a credibilidade do comunicador, nem servir como uma fonte de valores que guia a comunicação" (2011). Daí o seu discurso sobre a posição do cristão nos mídia, a sua postura e necessidade de "aplainar a estrada para novos encontros, oferecendo, às pessoas que vivem nesta nossa era 'digital', os sinais necessários para reconhecerem o Senhor; dando-lhes a oportunidade de se educarem para a expectativa e a esperança, abeirando-se da Palavra de Deus que salva e favorece o desenvolvimento humano integral" (2011).

Encontramos, então, o pensamento lógico de Bento XVI, para o tema do ano de 2012. Ele incentivava, na mensagem anterior, a descobrir a maneira cristã de "estar" no mundo digital. Já na presente mensagem, o papa inicia por dar os elementos essenciais, já que, como se disse anteriormente, a tecnologia, por si só, não pode estabelecer a credibilidade do comunicador. Por isso, "Silêncio e Palavra: caminhos para a evangelização".

É inegável o que assistimos na sociedade, hoje, e muito intensamente na Igreja também: uma sociedade, uma vivência pautada e inculcada cada vez mais pelo pragmatismo. É preciso fazer, agir, mover-se, também na evangelização. Mas, diante de tanta complexidade, fazemos uma pausa... pensamos na natureza do ser humano, refletimos o que é essencial e o que são os contornos que se modificam. E por que se transformam? Em função de quem, de que sistema? Onde está o Reino de Deus? Então, nasce, neste mundo da comunicação, o "dever" cristão do silêncio, do refletir "sobre um aspecto do processo humano da comunicação", descreve o papa, "que, apesar de ser muito importante, às vezes fica esquecido...Trata-se da relação entre silêncio e palavra: dois momentos da comunicação que se devem equilibrar, alternar e integrar entre si para se obter um diálogo autêntico e uma união profunda entre as pessoas".

O silêncio ao qual o papa se refere não é algo vazio, mas, como ele mesmo diz, "é parte integrante da comunicação". Podemos dizer que a comunicação é um ato interno e um ato externo, como elementos integrados. Em outras palavras, o papa está enfocando o sentido antropológico da comunicação quando se considera, se envolve na comunicação a pessoa humana, dado que o senso comum nos leva a pensar que a comunicação é sempre um ato externo.

Pois bem, são sábias as palavras descritas na mensagem:

> no silêncio, escutamo-nos e conhecemo-nos melhor a nós mesmos, nasce e aprofunda-se o pensamento, compreendemos com maior clareza o que queremos dizer ou aquilo que ouvimos do outro, discernimos como exprimir-nos. Calando, permite-se à outra pessoa que fale e se exprima a si mesma, e permite-nos a nós não ficarmos presos, por falta da adequada confrontação, às nossas palavras e ideias. Desse modo, abre-se um espaço de escuta recíproca e torna-se possível uma relação humana mais plena.

Do silêncio, nasce uma comunicação muito mais exigente, pois, ao contemplar o cenário do mundo digital, onde a comunicação se move hoje, a atitude de silêncio percebe os valores e "desvalores", sabe discernir, fazer escolhas, optar pelo que é mais importante, deixando de lado o que é inútil ou acessório. E como grande parte do fluxo da comunicação se desenvolve através dos motores de pesquisa, e as redes sociais são ponto de partida da comunicação para muitas pessoas que procuram informações, conselhos, respostas, o papa afirma ser o silêncio muito precioso "para favorecer o necessário discernimento entre os inúmeros estímulos e as muitas respostas que recebemos, justamente para identificar e focalizar as perguntas verdadeiramente importantes". Assim, as respostas (a palavra, o ato externo da comunicação!) não serão apressadas, mas fruto de um diálogo amoroso e contemplativo do que, verdadeiramente, Deus quer falar por meio de nós.

Se Deus fala ao homem mesmo no silêncio, também o homem descobre no silêncio a possibilidade de falar com Deus e de Deus. "Temos necessidade daquele silêncio que se torna contemplação, que nos faz entrar no silêncio de Deus e, assim, chegar ao ponto onde nasce a Palavra, a Palavra redentora" (Homilia durante a Concelebração Eucarística com os Membros da Comissão Teológica Internacional, 6 de outubro de 2006).

Trata-se de uma necessidade imperiosa *na* e *para* a evangelização: um caminho que nasce da contemplação (espiritualidade do evangelizador), que se torna força interior na missão e, portanto, a urgência de ir "anunciar o que vimos e ouvimos (cf. 1Jo 1,3). Conclui Bento XVI que é necessário educar-se em comunicação, isto é, aprender a escutar, a contemplar, para além do falar. Atitude indispensável para os agentes de evangelização. Trata-se de "dois elementos essenciais e integrantes da ação comunicativa da Igreja para um renovado anúncio de Jesus Cristo": silêncio e palavra.

Se sentimos a necessidade de renovação, de vigor apostólico e de sabedoria dentro do complexo mundo das comunicações, na sociedade contemporânea, voltemos aos elementos essenciais do processo de comunicação como ato interno, lembrando as palavras de Paulo apóstolo "até que Cristo se forme em mim"; e um ato externo: "tudo faço pelo Evangelho" (cf. Gl 4,19 e 1Cr 9,23).

Redes sociais: portais de verdade e de fé; novos espaços de evangelização

Um significativo sinal de abertura do Magistério da Igreja, em relação à comunicação, marca as mensagens para o Dia Mundial das

Comunicações proferidas por Bento XVI nos últimos anos de seu pontificado, coroando o pensamento, em questão, com o tema "Redes sociais: portais de verdade e de fé; novos espaços de evangelização" (2013).

Tal atitude demonstra, sem dúvida, o esforço da Igreja em dialogar com a cultura contemporânea – uma condição indispensável para desenvolver a evangelização. O convite para esse diálogo se estende a toda a Igreja, a todas as pastorais. Nesse sentido, é preciso que todos compreendam que "o desenvolvimento das redes sociais digitais estão contribuindo para a aparição de uma nova ágora, de uma praça pública e aberta onde as pessoas partilham ideias, informações, opiniões e podem ainda ganhar vida novas relações e formas de comunidade".

Reforçando e explicitando as palavras do papa, na mensagem, Antonio Spadaro afirma que:

> a verdadeira novidade do ambiente digital é a sua natureza de *social network*. Ou seja, o fato de que ele permite que surjam não só as relações entre mim e você, mas também as minhas relações e as suas relações. Ou seja, em rede, emergem não só as pessoas e os conteúdos, mas também as relações.

Comunicar, portanto, não significa mais transmitir, mas compartilhar. A sociedade digital não é mais concebível e compreensível somente através dos conteúdos. Acima de tudo, não há as coisas, mas as "pessoas". Há, sobretudo, as relações: o intercâmbio dos conteúdos que ocorre dentro das relações entre as pessoas.[17]

Na riqueza de conteúdo, oferecido por Bento XVI, e que merece ser refletido, discutido e assimilado para a nossa prática eclesial, emergem alguns pontos-chave:

– o tema coloca-se no contexto do Ano da Fé. E o papa afirma que o "ambiente digital não é um mundo paralelo ou puramente virtual; mas faz parte da realidade cotidiana de muitas pessoas, especialmente dos mais jovens". Portanto, "as redes sociais são o fruto da interação humana, mas, por sua vez, dão formas novas às dinâmicas da comunicação que cria relações". Trata-se de uma "plataforma" onde existimos, atuamos. Ali nascem novas linguagens, novas maneiras de nos relacionarmos, nasce, na cultura digital, uma nova antropologia. Portanto, o

---

[17] SPADARO, Antonio. *Os grandes desafios da comunicação digital na pastoral* (prefácio). In: SBARDELOTTO, Moisés. *E o Verbo se fez rede: religiosidades em reconstrução no ambiente digital*. São Paulo: Paulinas/SEPAC, 2016.

papa retém como importante as redes sociais digitais, onde o valer-se das novas linguagens "permitem que a riqueza infinita do Evangelho encontre formas de expressão que sejam capazes de alcançar a mente e o coração de todos".

– Um segundo ponto-chave, entre os vários que encontramos na mensagem, é a consideração de que, na rede, é possível pensar junto e partilhar a reflexão. Diz Bento XVI, "a aparição nas redes sociais do diálogo acerca da fé e do acreditar confirma a importância e a relevância da religião no debate público e social".

– Nas redes, há a possibilidade do envolvimento interativo com as perguntas, as dúvidas das pessoas. Assim, afirma a mensagem: "o envolvimento autêntico e interativo com as questões e as dúvidas daqueles que estão longe da fé, deve-nos fazer sentir a necessidade de alimentar, através da oração e da reflexão, a nossa fé na presença de Deus e também a nossa caridade (...)".

Trata-se de "alargar" nossos horizontes, perceber as oportunidades dos novos espaços de evangelização, uma vez que as novas tecnologias de comunicação não estão somente mudando o modo de comunicar, mas estão operando uma vasta transformação cultural. Há um novo modo de aprender e de pensar, com inéditas oportunidades de estabelecer relações e construir comunhão. O pensamento e a relação se expressam na modalidade da linguagem. As linguagens manifestam, através de gestos, símbolos e palavras, as inquietações, as perguntas fundamentais do ser humano.

Faz-se necessário, então, perceber que, na cultura das redes sociais digitais, estas não se reduzem a seu uso, mas supõem um desafio para a evangelização, isto é, para quem deseja falar de verdade e de valores.

Dada a centralidade das *networks* e o ambiente da mídia conectada nas vidas das pessoas de hoje, é absolutamente necessário que a Igreja procure estabelecer uma presença no mundo digital. E completa o Cardeal Paul Tighe:[18] "se a Igreja não está presente, e não condivide a Boa-Nova nesse fórum, então, nós arriscamos de ficar à margem da vida de muitos e estamos falhando na nossa missão de levar o Evangelho até os confins da terra".

---

[18] Paul Tighe, Seminário sobre Comunicação para a Vida Religiosa "The Church in the digital culture" [A Igreja na cultura digital], 9 de março de 2018. Roma: UISG (International Union of Superiors general). Disponível em: <www.uisg.org.>.

Se, em tempos passados, os missionários tiveram de compreender a cultura, língua e "costumes dos continentes que eles procuravam evangelizar, também, hoje, faz-se necessário estar atentos para o nosso modo de estar presente, a linguagem que usamos e como nos iremos engajar com os valores e dinâmicas que caracterizam as *networks*. (...) Não se trata de como nós devemos usar as novas tecnologias para evangelizar, mas de como nós podemos ser uma presença evangelizadora nesse novo mundo, que tem sido trazido por essas novas tecnologias" (Paul Tighe).

Para isso, é necessário *educar-se para o digital*, na compreensão da sua lógica e, sobretudo, das linguagens e metodologias. A "nova arquitetura da comunicação", em rede, requer novos paradigmas que acabam por incidir na transmissão e vivência da fé, nas mais diversas pastorais. Trata-se de refletir sobre os desafios para a Igreja na era digital, caracterizada pela interconectividade, onde surgem novas modalidades de comunicação e espaços de relacionamento.

Aparecida (2007) – "Pastoral da comunicação social"

No caminho da Igreja e comunicação, durante o recém pontificado de Bento XVI, realizou-se, em 2007, a quinta Conferência Episcopal Latino-americana e Caribenha, na cidade de Aparecida (SP) – Brasil, que finalizou com a publicação de um documento que focaliza a necessidade da Pastoral da comunicação (n. 484-490). A reflexão da comunicação, no documento, apresenta uma continuidade do pensamento do Magistério da Igreja e, mesmo acentuando o tema da "pastoral", considera a comunicação não somente como um elemento transversal, mas dá-lhe o seu lugar específico na evangelização. Ela, realmente, precisa ser tratada, também, como tema próprio. Nesse sentido, e considerando que a mídia constitui muito mais que um simples instrumento, ela configura a atual cultura, lugar onde se desenvolve o discipulado missionário em favor da vida plena.

Se considerarmos o fato de que vivemos, nestes últimos anos, uma evolução histórico-tecnológica no conceito de comunicação, verificaremos que, de "meios de comunicação social", passou-se para "comunicação social" e, finalmente, chegamos à "cultura da comunicação". Cabe a nós, a partir do mandato missionário de

Jesus (cf. Mt 28,16-20), integrar a mensagem cristã nesta nova cultura criada pelas modernas comunicações (cf. RM, n. 37c).

Mas o que a revolução tecnológica introduz em nossa sociedade, não é apenas uma quantidade inusitada de novas tecnologias, criativas, potentes e abrangentes, mas um novo modo de relacionar processos simbólicos e formas de produção e distribuição dos bens e serviços. É preciso, porém, estarmos atentos à comunicação que mais e mais remete, não tanto aos meios, mas sim a novos modos de percepção e de linguagem, a novas sensibilidades e escritas.

Foi levando em conta este e outros aspectos descritos nos n. 484 a 490, que a Igreja latino-americana e caribenha, com o Documento de Aparecida, se propõe a formar discípulos e missionários, conhecendo e valorizando a "nova cultura da comunicação", atitude esta que implica, entre muitas outras iniciativas, formar e educar as pessoas para a comunicação.

No que concerne à comunicação, no Documento de Aparecida, convivem tanto o sentido antropológico da comunicação, enquanto espaço de produção de cultura (espaço que precisa ser "conhecido e valorizado"), quanto o conjunto dos recursos da informação como instrumentos a serem usados na evangelização.

Aparecida entende e enfatiza a comunicação como uma "nova cultura" que deve ser compreendida e valorizada, e que diz respeito a todos. Portanto, os bispos se comprometem a "acompanhar os comunicadores", não descuidando, porém, "a formação profissional na cultura da comunicação de todos os agentes e cristãos" (n. 486b).

O documento incentiva, também, os promotores das práticas comunicativas na Igreja e relaciona as atividades que devem ser prioritárias num plano de pastoral, tais como: criar e manter meios próprios, estar presente nos meios de massa, formar comunicadores competentes, educar na formação crítica dos receptores, colaborar para que haja leis que se voltem à proteção de crianças e jovens em relação aos efeitos negativos da mídia, aproximar-se dos novos meios, especialmente da internet, com realismo e confiança. Lembra, contudo, que a riqueza da animação da pastoral da comunicação dependerá do "espírito de comunhão" a partir do qual for concebida e desenvolvida.

> Finalmente, o Documento de Aparecida recomenda que "se incentive a criação de centros culturais católicos, necessários especialmente nas áreas mais carentes, onde o acesso à cultura é mais urgente".
>
> A leitura dos elementos da V Conferência Geral do Episcopado Latino-americano e do Caribe, referentes à Pastoral da comunicação, permite que as paróquias, os movimentos e as dioceses encontrem subsídios para a elaboração de seus próprios planejamentos, com criatividade e em "espírito de comunhão".
>
> Percebemos, então, que o discurso da Igreja que dá sustentação às suas políticas de comunicação social tem estado atento às mudanças de paradigmas próprios do fenômeno comunicativo como integrante da cultura contemporânea. Cabe, pois, à Pastoral da comunicação, vivificar todas as demais manifestações pastorais, pregando insistentemente a necessidade constante do diálogo e de abertura para a participação de todos.

Mensagens para o Dia Mundial das Comunicações Sociais
(Bento XVI – 2006-2013)

2006 – A mídia: rede de comunicação, comunhão e cooperação

2007 – As crianças e os meios de comunicação social: um desafio para a educação

2008 – Os meios de comunicação social: na encruzilhada entre protagonismo e serviço. Buscar a verdade para partilhá-la

2009 – Novas tecnologias, novas relações. Promover uma cultura de respeito, de diálogo, de amizade

2010 – O sacerdote e a pastoral no mundo digital: os novos *media* ao serviço da Palavra

2011 – Verdade, anúncio e autenticidade de vida, na era digital

2012 – Silêncio e Palavra: caminho de evangelização

2013 – Redes sociais: portais de verdade e de fé; novos espaços de evangelização

Papa Francisco
Jorge Mario Bergoglio
(13.3.2013)

"A rede é uma oportunidade para promover o encontro com os outros, mas pode também agravar o nosso autoisolamento, como uma teia de aranha capaz de capturar"
(53º Dia Mundial das Comunicações – 2019).

Capítulo 6
Papa Francisco: a comunicação como cultura do encontro

Em suas mensagens para o Dia Mundial das Comunicações Sociais, o Papa Francisco considera os avanços da comunicação, agora pelas plataformas digitais em suas múltiplas expressões, valoriza a missão dos jornalistas e comunicadores, mas chama a atenção para aspectos essenciais que se estão perdendo na sociedade tecnológica: o ser humano diante da comunicação mediada pelas tecnologias, para que haja verdadeiro encontro entre as pessoas.

Note-se que, além das mensagens específicas para essa ocasião, as mensagens para o Dia Mundial das Comunicações estão permeadas pelo pensamento comunicacional, em suas cartas encíclicas, como "A alegria do Evangelho" (2013), *Laudato Si'*, sobre o cuidado da casa comum" (2015), Ano Santo da Misericórdia (2016), *Amoris Laetitia*, do Sínodo da família (2016), e o Sínodo dos jovens (2018), além de outros pronunciamentos.

A tônica de Francisco na Carta Encíclica *Laudato Si'* é uma visão de comunicação integrada onde "tudo está interligado", isso em relação ao planeta, às pessoas, às comunicações e, também, na dimensão espiritual.[1] Para o Dia Mundial de Oração pelo cuidado da criação, celebrado em 1º de setembro de 2016, com o tema "Usemos de misericórdia para com a nossa casa comum", Francisco convida a sermos misericordiosos com nossa casa comum. "A terra clama", diz o papa, lembrando que a ecologia integral compreende os seres humanos que estão profundamente

---

[1] FRANCISCO. Carta Encíclica *Laudato Si'*. São Paulo: Paulinas, 2015, n. 240.

ligados entre si e à criação na sua totalidade: "Quando maltratamos a natureza, maltratamos também os seres humanos", reforça.

Um dos critérios para a comunicação, para o Papa Francisco, é realizá-la "a partir do coração do Evangelho. Se pretendemos colocar tudo em chave missionária, isso implica também a maneira de comunicar a mensagem".[2] Não basta preocupar-se com os conteúdos a serem transmitidos, mas ter em conta o contexto do interlocutor e seus conhecimentos, a partir do ensinamento da Igreja. O papa leva em consideração a velocidade das comunicações e os critérios seletivos, de modo que "a mensagem que anunciamos corre, mais do que nunca, riscos de parecer mutilada e reduzida a alguns dos seus aspectos secundários".

Com sua característica peculiar, ele usa uma linguagem permeada de imagens e metáforas, que torna o pensamento próximo da realidade cotidiana e de fácil compreensão ao interlocutor. Não economiza críticas ao sistema atual de comunicação impulsionado pelo mercado, e propõe ações efetivas para que os cristãos e pessoas de boa vontade atuem segundo a verdade e a ética. Deixa claro que é preciso educar-se para a comunicação, evidenciando que o ser humano é comunicação e não apenas as tecnologias, e lembrando que a família é a primeira escola de comunicação.

Em sua mensagem sobre comunicação e misericórdia (2016), o papa diz que gosta de definir o poder da comunicação como "proximidade". E explicita que o encontro entre a comunicação e a misericórdia é fecundo, à medida que gerar uma proximidade que cuida, conforta, cura, acompanha e faz festa. Reporta-se ao mundo dividido, fragmentado, polarizado, no qual comunicar com misericórdia significa contribuir para a boa, livre e solidária proximidade entre os filhos de Deus e irmãos em humanidade.

A primeira mensagem do Papa Francisco: "Comunicação a serviço de uma autêntica cultura do encontro" (2014),[3] contém quatro palavras-chave que conduzem aos valores explicitados nas mensagens dos anos sequentes: comunicação, autêntica, cultura, encontro. Francisco é um comunicador que não separa o conteúdo da forma, ou seja, sua postura corporal é coerente com a palavra, e expressa e amplia o sentido de sua fala. Em uma de suas afirmações, diz que a comunicação precisa ser

---

[2] Id. Carta Encíclica "A Alegria do Evangelho". São Paulo: Paulinas, 2013, n. 34.

[3] Ao longo do texto, as mensagens serão referidas pelo ano, uma vez que no final do capítulo está a lista das mensagens do Papa Francisco, de 2014 a 2019. Texto na integra: <www.vatican.va>.

existencial e não um setor na Igreja, e que, "no contexto da comunicação é preciso que a Igreja consiga levar calor, inflamar o coração".[4] Na leitura das mensagens e observação do modo de comunicar, o conceito de comunicação em Francisco, como cultura do encontro, é coerente, num contexto marcado pela cultura digital. Ele insiste na necessidade de testemunhar a fé na rede, comunicar com ética e veracidade, além de educar-se para a comunicação.

Contexto comunicacional contemporâneo e seus desafios

Em sua primeira mensagem para o Dia Mundial das Comunicações (2014), o Papa Francisco considera que os progressos dos transportes e das tecnologias de comunicação aproximam-nos, interligando-nos sempre mais, e a globalização faz-nos mais interdependentes. Entretanto, na humanidade permanecem divisões por vezes acentuadas. No contexto global, presenciamos uma distância escandalosa entre o luxo dos mais ricos e a miséria dos mais pobres. Basta passar pelas ruas das cidades para ver o contraste entre os que vivem entre os passeios e as luzes brilhantes das lojas e os que estão nas periferias ou dormindo nas próprias ruas; estamos tão habituados a tudo isso, que já não nos impressiona. O mundo sofre de múltiplas formas de exclusão, marginalização e pobreza, como também de conflitos para os quais convergem causas econômicas, políticas, ideológicas e, até mesmo, religiosas.

Nessa mesma mensagem, o pontífice traz a realidade de uma mídia que tem como fim principal induzir ao consumo ou à manipulação das pessoas. E a compara à agressão violenta que sofreu o homem espancado pelos assaltantes e abandonado na estrada, como lemos na parábola (Lc 10,29-37). Olha para as pessoas que passam pela estrada e, para ele, o levita e o sacerdote não viram o homem espancado como seu próximo, mas como um estranho de quem era melhor manter a distância. Lembra que as pessoas, naquele tempo, estavam condicionadas pelas regras da pureza ritual, e hoje corremos o risco de que algumas mídias nos condicionem até o ponto de fazer-nos ignorar o nosso próximo real.

---

[4] Leia mais e cf. entrevista com Antonio Spadaro. Disponível em: <www.ihu.unisinos.br>. Acesso em: 6/12/2018.

Na mensagem de 2018, o Papa Francisco aborda um desafio muito presente, que é a velocidade das informações, sobretudo pelo sistema digital, e, nesse contexto, as notícias falsas ou *fake news*, tão difundidas internacionalmente não só em vista do mercado, mas com fins eleitoreiros e políticos. Faz referência à mensagem de Paulo VI que tratou da temática (cf. Mensagem de 1972: "Os instrumentos de comunicação social ao serviço da verdade"). E o papa diz que se a saída da difusão da desinformação é a responsabilidade, particularmente envolvido está quem, por profissão, é obrigado a ser responsável ao informar, ou seja, o jornalista, "guardião das notícias". Francisco afirma que quer contribuir para o esforço comum de prevenir a difusão das notícias falsas e para redescobrir o valor da profissão jornalística e a responsabilidade pessoal de cada um na comunicação da verdade.

E a mensagem explicita o sentido da expressão *fake news*, dizendo que é objeto de discussão e debate. De fato, a mensagem do Papa Francisco contribuiu em muito para colocar a público a discussão sobre o tema, que afetou, entre outros, as eleições americanas. É uma discussão permanente, também tendo em conta a sofisticação das tecnologias, o uso de robôs e tantos artifícios criados a cada dia e colocados a serviço de interesses mercadológicos, comerciais, eleitoreiros. Trata-se de uma maneira de desinformação, com informações infundadas, baseadas em dados inexistentes ou distorcidos, que procuram enganar e manipular os usuários. Em geral, sua divulgação visa influenciar opções políticas e favorecer lucros econômicos.

A mensagem explica que a eficácia das *fake news* é devida à sua natureza mimética, ou seja, à capacidade de se apresentar como plausíveis. Notícias falsas mas verossímeis, capciosas, no sentido que se mostram hábeis a capturar a atenção dos destinatários, apoiando-se em estereótipos e preconceitos generalizados no seio de determinado tecido social, exploram emoções imediatas e fáceis de suscitar ansiedade, desprezo, ira e frustração. Sua difusão se realiza pelas mais diversas redes sociais, são impulsionadas, ganham visibilidade e, em geral, dado o grande número de acessos, são monetizadas pelas empresas, de modo que os disseminadores recebem por isso, ainda que a veracidade seja comprometida. Uma das dificuldades para identificar e erradicar as *fake news* é a desinformação, que leva as pessoas a compartilharem sem verificar as fontes e o teor da informação. Daí a necessidade da vigilância constante e da educação para a comunicação, sobre a qual vamos falar mais adiante.

O Papa Francisco, em sua mensagem para 2017, estimula os que produzem diariamente, seja no âmbito profissional, seja nas relações pessoais, informações para oferecer "um pão fragrante e bom" a quantos se alimentam dos frutos da sua comunicação. E exorta para que se produza uma comunicação construtiva, rejeitando os preconceitos, para promover uma cultura do encontro que favoreça um olhar de confiança para a realidade.

Ao falar da necessidade de comunicar esperança e confiança no nosso tempo, o pontífice vê a necessidade de romper o círculo vicioso da angústia e deter a espiral do medo, resultante do hábito de se fixar a atenção nas "notícias más" como guerras, terrorismo, escândalos e todo o tipo de falência nas vicissitudes humanas. No entanto, lembra que não se trata de promover desinformação onde seja ignorado o drama do sofrimento, nem de cair num otimismo ingênuo que não se deixe tocar pelo escândalo do mal. Pelo contrário, seu convite é que todos procurem superar o sentimento de mau humor e resignação que se apodera de nós, lançando-nos na apatia, gerando medos ou a sensação de impotência e de não ser possível colocar limites ao mal. Por outro lado, o papa lembra que as boas notícias nem sempre têm a repercussão das mais trágicas.

O Papa Francisco fala de buscar "um estilo comunicador", o que diz respeito ao *ethos*, ao cultivo de valores e princípios, e não apenas à capacidade profissional em relação às técnicas. O estilo indica uma postura permanente de ser e atuar. Por isso, não bastam atitudes isoladas, mas é preciso adorar um modo de ser na comunicação. Ele propõe um estilo aberto e criativo, que não dê protagonismo ao mal, mas procure evidenciar as possíveis soluções, inspirando uma abordagem propositiva e responsável nas pessoas a quem se comunica a notícia. E convida todos a oferecerem aos homens e mulheres do nosso tempo relatos permeados pela lógica da "boa notícia". Nesse sentido, é bom lembrar que não são apenas os profissionais que produzem notícias, mas toda pessoa que tem acesso às redes sociais é um potencial produtor de notícias, ao produzir, ao compartilhar, ao clicar.

Diz o Papa Francisco: "desejo convidar a que se promova um jornalismo de paz, sem entender, com esta expressão, um jornalismo 'bonzinho', que negue a existência de problemas graves e assuma tons melífluos. Pelo contrário, um jornalismo sem fingimentos, hostil às falsidades, a *slogans* sensacionalistas e a declarações bombásticas" (2017). O papa propõe um jornalismo humano, feito por pessoas e para pessoas, voltado para a grande maioria que não tem voz, considerado como serviço a todas as pessoas, especialmente àquelas, e, no mundo, são a maioria, que não têm voz. Um jornalismo comprometido na busca das causas reais dos conflitos, para favorecer a sua compreensão das raízes e a superação, empenhado a indicar e busca soluções alternativas à escalada da violência.

A comunicação como cultura do encontro

O magistério do Papa Francisco traz a marca da cultura do encontro, uma forma de vencer a indiferença da sociedade contemporânea. Desde sua primeira aparição como papa, ele sinalizou com gestos e palavras a necessidade que o ser humano tem de se humanizar, de relacionar-se com o outro enquanto ser humano, superando preconceitos e tudo que possa afastar ou dividir as pessoas. Suas palavras, atitudes, sorrisos, busca de proximidade e empatia, estão revolucionando a comunicação dentro da Igreja e sua relação com a sociedade. A cultura não se reduz a um saber adquirido em bancos de escola, mas faz parte do modo de vida das famílias, dos grupos, costumes de determinada região. O papa se refere à cultura do encontro em contraposição à cultura da exclusão e ao descartável do ser humano, tão presentes na sociedade.

Em sua primeira mensagem para o Dia Mundial das Comunicações (2014), Francisco diz que uma boa comunicação ajuda-nos a estar mais perto e a conhecer-nos melhor entre nós, a ser mais unidos. Serve-se da imagem dos "muros" para dizer que eles nos dividem e só podem ser superados, se estivermos prontos a ouvir e a aprender uns dos outros. Como sabemos, muralhas e pontes são feitas com o mesmo material, sendo que uma divide e outra cria a união, a possibilidade de trânsito das pessoas. Seu apelo é para harmonizar as diferenças por meio de formas de diálogo, do acolhimento, a fim de crescermos na compreensão e no respeito.

Para o papa, a cultura do encontro requer que estejamos dispostos não só a dar, mas também a receber dos outros. Ele entende que a mídia pode ajudar nisso, especialmente em nossos dias, em que as redes da comunicação humana atingiram progressos sem precedentes. Particularmente, a internet pode oferecer maiores possibilidades de encontro e de solidariedade entre todos; e isso é uma coisa boa, é um dom de Deus.

Importa notar que o papa não separa o relacionamento interpessoal e presencial daquele que acontece nas redes, que deve ser igualmente humano, verdadeiro e colaborativo. No tema escolhido para 2019 ("Somos membros uns dos outros" [Ef 4,25]: das comunidades de redes sociais à comunidade humana"), a mensagem fala da importância de restituir à comunicação uma perspectiva ampla, baseada na pessoa, e enfatiza o valor da interação entendida sempre como diálogo e oportunidade de encontro com o outro, também pelas redes sociais. E pergunta: Como a comunicação pode estar a serviço de uma autêntica cultura do encontro?

Na mensagem de 2014, ao falar da conexão pelas redes, ele diz que não basta circular pelas "estradas" digitais, ou seja, simplesmente estar conectados, é necessário que a conexão seja acompanhada pelo encontro verdadeiro, sem fechar-se em si mesmo, mas expressando o amor e a ternura às pessoas. Para o papa, não são as estratégias comunicativas que garantem a beleza, a bondade e a verdade da comunicação, pois a rede digital pode ser um lugar rico de humanidade: não uma rede de fios, mas de pessoas humanas. Essa presença torna-se testemunho cristão e pode alcançar as periferias existenciais, naturalmente, se soubermos escutar a rede.

O Dia Mundial das Comunicações de 2016 tratou do tema: "Comunicação e misericórdia: um encontro fecundo". O papa dirigiu-se às autoridades diplomáticas e a todos que tenham responsabilidades institucionais, políticas e que formam a opinião pública, para que pratiquem o respeito, o diálogo e possa acontecer a comunicação como encontro:

> É desejável que também a linguagem da política e da diplomacia se deixe inspirar pela misericórdia, que nunca dá nada por perdido. Faço apelo, sobretudo, àqueles que têm responsabilidades institucionais, políticas e de formação da opinião pública, para que estejam sempre vigilantes sobre o modo como se exprimem a respeito de quem pensa ou age de forma diferente e ainda de quem possa ter errado. É fácil ceder à tentação de explorar tais situações e, assim, alimentar as chamas da desconfiança, do medo, do ódio. Pelo contrário, é preciso coragem para orientar as pessoas em direção a processos de reconciliação, mas é precisamente tal audácia positiva e criativa que oferece verdadeiras soluções para conflitos antigos e a oportunidade de realizar uma paz duradoura. "Felizes os misericordiosos, porque alcançarão misericórdia. Felizes os pacificadores, porque serão chamados filhos de Deus" (Mt 5,7.9).

O Papa Francisco não se limita a refletir sobre a cultura do encontro na forma presencial, mas coloca em discussão mídia, comunidade, relacionamento presencial e a distância, procurando integrar pessoas e conceitos antropológicos e espirituais. Ao falar que somos membros uns dos outros na mensagem do 53º Dia Mundial das Comunicações: "'Somos membros uns dos outros' (Ef 4,25): das comunidades de redes sociais à comunidade humana", aproxima a comunidade eclesial à que acontece pelas redes: "A imagem do corpo e dos membros recorda-nos que o uso da social da web é complementar do encontro em carne e osso, vivido através do corpo, do coração, dos olhos, da contemplação, da respiração do outro" (2019).

A cultura do encontro, que marca o pontificado de Francisco, olha para a comunicação cotidiana pelas redes como oportunidades de ampliar o relacionamento, sem jamais nos reduzir a "eremitas sociais", sobretudo os jovens e adolescentes, que correm o risco de se isolarem no relacionamento social, o que se poderia configurar como uma ruptura no tecido relacional da sociedade. Para o papa, a rede é uma oportunidade para promover o encontro com os outros, mas pode também agravar o nosso autoisolamento, como uma teia de aranha capaz de capturar.

O testemunho cristão na rede

É cultivando e visibilizando a cultura do encontro que acontece o testemunho cristão, que, para Francisco, citando Bento XVI, não se faz com o bombardeio de mensagens religiosas, mas com a vontade de se doar aos outros "através da disponibilidade para se deixar envolver, pacientemente e com respeito, nas suas questões e nas suas dúvidas, no caminho de busca da verdade e do sentido da existência humana" (Bento XVI, Mensagem para o 47º Dia Mundial das Comunicações Sociais, 2013). E para elucidar o testemunho, Francisco convida a pensar no episódio dos discípulos de Emaús. O Ressuscitado se aproxima e começa a caminhar com eles, entretanto, sem ser reconhecido, pois os seus olhos estavam cegos com os acontecimentos da crucifixão. Jesus, entretanto, não se revela, mas escuta suas dúvidas e ajuda-os, recordando as Escrituras. A partir do caminhar juntos, da escuta, os discípulos entram em si mesmos e reconhecem Jesus nos gestos de abençoar e partir o pão. A partir desse encontro, seus olhos se abrem e eles reconhecem o Ressuscitado e se tornam missionários, porque seu coração ardeu enquanto ele lhes falava pelo caminho.[5]

---

[5] CORAZZA, Helena; PUNTEL, Joana T. *A espiritualidade do comunicador. Viver a mística nos tempos atuais*. São Paulo: Paulinas, 2018, p. 71-73.

O papa diz que é preciso abrir o diálogo com os homens e mulheres de hoje, para compreender os seus anseios, dúvidas, esperanças, e oferecer-lhes o Evangelho, isto é, Jesus Cristo. E tece suas considerações sobre o diálogo que significa estar aberto ao outro sabendo que ele tem algo de bom para dizer, dar espaço ao seu ponto de vista, às suas propostas. Dialogar não significa renunciar às próprias ideias e tradições, mas à pretensão de que sejam únicas e absolutas.

Na mensagem sobre comunicação e misericórdia (2016), Francisco expressa um desejo que envolve as lideranças da Igreja: "gostaria que o nosso modo de comunicar e também o nosso serviço de pastores na Igreja nunca expressassem o orgulho soberbo do triunfo sobre um inimigo, nem humilhassem aqueles que a mentalidade do mundo considera perdedores e descartáveis!". E recorre ao sentido da misericórdia que pode ajudar a atenuar as adversidades da vida e dar calor, sobretudo àqueles que só conheceram a frieza do julgamento. E novamente o papa chama para o *ethos*, o modo de ser do evangelizador: "seja o estilo da nossa comunicação capaz de superar a lógica que separa nitidamente os pecadores dos justos".

Ainda na mensagem sobre comunicação e misericórdia, para mostrar o amor incondicional à pessoa pelo que ela é, o papa sugere reportar-se às primeiras experiências de relação no seio da família. Recorda que os pais nos amam e apreciam mais pelo que somos do que pelas nossas capacidades e sucessos. E recordando o episódio do filho pródigo, diz que a casa paterna é o lugar onde se é bem-vindo (cf. Lc 15,11-32). A partir daí, ele coloca um desafio: "gostaria de encorajar todos a pensar a sociedade humana não como um espaço onde estranhos competem e procuram prevalecer, mas, antes, como uma casa ou uma família onde a porta está sempre aberta e se procura aceitar uns aos outros" (2016).

A cultura do encontro supõe também a escuta como atitude fundamental, que é diferente de apenas ouvir:

> Comunicar significa partilhar e a partilha exige a escuta, o acolhimento. Escutar é muito mais do que ouvir. Ouvir diz respeito ao âmbito da informação; escutar, ao invés, refere-se ao âmbito da comunicação e requer a proximidade. A escuta permite-nos assumir a atitude justa, saindo da tranquila condição de espectadores, usuários, consumidores. Escutar significa também ser capaz de compartilhar questões e dúvidas, caminhar lado a lado, libertar-se de qualquer presunção de onipotência e colocar, humildemente, as próprias capacidades e dons ao serviço do bem comum (2016).

Ao abordar o tema da família como "ambiente privilegiado do encontro na gratuidade do amor" (2015), o papa diz que o tema da família encontra-se no centro de uma profunda reflexão eclesial e de um processo de dois sínodos. Por isso, considerou oportuno tratar o tema no Dia Mundial das Comunicações Sociais para ter como ponto de referência a família, sendo que a família é o primeiro lugar onde aprendemos a comunicar. Novamente, ele desloca o centro da comunicação "dos meios" para as pessoas, uma comunicação que acontece de pessoa a pessoa e não apenas pelas tecnologias. A visão não é tecnológica nem tecnicista, mas de relacionamento humano. Daí que voltar a esse momento originário pode nos ajudar a tornar mais autêntica e humana a comunicação e a ver a família de um novo ponto de vista.

O papa ainda diz que a família é o ambiente onde se aprende a comunicar com proximidade, uma comunidade que sabe acompanhar, festejar e frutificar, e que a família precisa ser protagonista. Protagonismo que parte do testemunho, que sabe comunicar a beleza e a riqueza do relacionamento entre homem e mulher, entre pais e filhos. É na família que se aprende de novo a narrar, a contar histórias, e como é importante contar histórias que vão construindo o imaginário dos filhos com valores humanos e cristãos. E adverte para acolher a família como é hoje, não defender o passado, mas trabalhar, com paciência e confiança, em todos os ambientes onde diariamente nos encontramos, para construir o futuro.

Francisco insiste que uma boa comunicação deve ajudar a estar mais perto e a conhecer-nos melhor entre nós, a ser mais unidos, harmonizando as diferenças por meio de formas de diálogo que nos permitam crescer na compreensão e no respeito. "Particularmente, a internet pode oferecer maiores possibilidades de encontro e de solidariedade entre todos; e isto é uma coisa boa, é um dom de Deus" (2014).

Buscando favorecer uma comunicação a serviço de uma autêntica cultura do encontro (2014), o Papa Francisco constata que há limites reais, mas que não justificam uma rejeição da mídia, pelo contrário, nos recordam que "a comunicação é uma conquista mais humana que tecnológica". Fala da necessidade de ser pacientes, se quisermos compreender aqueles que são diferentes de nós, pois, uma pessoa se expressa plenamente a si mesma, não quando é simplesmente tolerada, mas quando sabe que é verdadeiramente acolhida. Ele diz que só aprenderemos a ver o mundo com olhos diferentes e a apreciar a experiência humana tal como se manifesta nas várias culturas e tradições, se estivermos verdadeiramente desejosos de escutar os outros.

A linguagem da comunicação na força das imagens

Em cada uma das mensagens, o Papa Francisco se serve de uma linguagem simples e compreensível por meio de imagens. Ele evoca imagens do Evangelho ou da cultura universal e cotidiana, procurando ser concreto e ajudando as pessoas a visualizarem a verdade mais profunda. Na primeira (2014), para falar da proximidade, da inclusão das pessoas à margem da sociedade, serve-se da imagem do bom samaritano (Lc 10,29-37). E pergunta: Como pode a comunicação estar a serviço de uma autêntica cultura do encontro? Para nós, discípulos do Senhor, o que significa, segundo o Evangelho, encontrar uma pessoa? Como é possível, apesar de todas as nossas limitações e pecados, ser verdadeiramente próximos dos outros?

Esta pergunta ajuda-nos a compreender a comunicação como proximidade. A partir do ícone do samaritano, ele trabalha a proximidade no uso dos meios de comunicação e no novo ambiente criado pelas tecnologias digitais. E nos ajuda a encontrar resposta na parábola do bom samaritano, que ele coloca como uma parábola do comunicador. Na realidade, quem comunica se faz próximo. E o bom samaritano não só se faz próximo, mas cuida do homem que encontra quase morto ao lado da estrada. Jesus inverte a perspectiva: não se trata de reconhecer o outro como um meu semelhante, mas da minha capacidade para me fazer semelhante ao outro. A partir do princípio da empatia, ou seja, da capacidade de colocar-se no lugar do outro, o papa dá outro foco à comunicação, não apenas falar ou escutar, mas "comunicar significa tomar consciência de que somos humanos, filhos de Deus". E diz que gosta de definir esse poder da comunicação como "proximidade". Depois acrescenta: "A nossa comunicação seja azeite perfumado pela dor e vinho bom pela alegria".

Aqui entram as "famosas" expressões repetidas pelo Papa Francisco, mudando o paradigma de quem está acomodado ou que se considera o centro, procurando estar sempre em primeiro plano, atitude muito favorecida em nossos dias, em que as *selfies* são a expressão mais elucidativa: "entre uma Igreja acidentada que sai pela estrada e uma Igreja doente de autorreferência não hesito em preferir a primeira". Francisco chama a atenção para o essencial na comunicação, anunciar Jesus Cristo e reconhecê-lo em todos os irmãos e irmãs, sobretudo nos que mais precisam, os doentes e "acidentados".

As imagens da "estrada" podem ser tanto físicas, onde as pessoas vivem e circulam, quanto as estradas digitais "congestionadas de humanidade muitas vezes ferida: homens e mulheres que procuram uma salvação ou uma esperança". E a mensagem cristã precisa alcançar essas pessoas nas redes digitais, viajando "até os confins do mundo" (At 1,8). Outra aproximação da imagem da "porta" com o ambiente digital: "abrir as portas das igrejas significa também abri-las no ambiente digital, seja para que as pessoas entrem, independentemente da condição de vida em que se encontrem, seja para que o Evangelho possa cruzar o limiar do templo e sair ao encontro de todos" (2014).

O papa chama a atenção ao testemunho que o cristão é chamado a dar, tornando a Igreja uma casa de todos. "Seremos nós capazes de comunicar o rosto de uma Igreja assim?" Imagem da casa, lugar do aconchego, do rosto que manifesta sentimentos, acolhida, alegria ou tristeza, um rosto que não nos pertence, mas pertence ao outro. Com essas imagens, o papa aponta para a comunicação, que tem uma vocação missionária, e as redes sociais são, hoje, um dos lugares onde se pode viver essa vocação de redescobrir a beleza da fé, a beleza do encontro com Cristo. Lembra que, no contexto da comunicação, é preciso uma Igreja que consiga levar calor e aquecer o coração.

> Possa servir-nos de guia o ícone do bom samaritano, que liga as feridas do homem espancado, deitando nelas azeite e vinho. A nossa comunicação seja azeite perfumado pela dor e vinho bom pela alegria. A nossa luminosidade não derive de truques ou efeitos especiais, mas de nos fazermos próximo, com amor, com ternura, de quem encontramos ferido pelo caminho. Não tenhais medo de vos fazerdes cidadãos do ambiente digital. É importante a atenção e a presença da Igreja no mundo da comunicação, para dialogar com o homem de hoje e levá-lo ao encontro com Cristo: uma Igreja companheira de estrada sabe pôr-se a caminho com todos. Nesse contexto, a revolução nos meios de comunicação e de informação é um grande e apaixonante desafio que requer energias frescas e uma imaginação nova para transmitir aos outros a beleza de Deus (2014).

Na mensagem de 2015, cujo tema é "Comunicar a família: ambiente privilegiado do encontro na gratuidade do amor", o papa traz o ícone da visita de Maria a Isabel (Lc 1,39-56), para mostrar a comunicação pela vida, uma comunicação que acontece entre as duas mães e os bebês em gestação. Isabel, grávida de João Batista, já no sexto mês, e Maria, grávida de Jesus, no início de sua gestação. É interessante observar no texto bíblico o relato da comunicação que se dá pela sensação, pela percepção: "Quando Isabel ouviu a saudação de Maria, o menino saltou-lhe de alegria no seio e Isabel ficou cheia do Espírito Santo. Então, erguendo a voz, exclamou: 'Bendita és tu entre as mulheres e bendito é o fruto do teu ventre'" (Lc 1,41-42). Uma comunicação, um diálogo tecido com a linguagem do corpo, escutar o corpo, perceber movidos pelo mistério divino e humano que não se separa, vincular-se, criar laços.

Talvez estejamos pouco acostumados a parar, perceber e refletir sobre a comunicação que se dá pelo corpo, algo tão presente na vida humana. Porque somos corpo, nossa casa é o corpo e também a palavra se expressa e é percebida pelo olhar, tato, paladar, olfato, ouvido, pelo aparelho fonador. A comunicação se dá pelo corpo, pelos movimentos, pelas expressões faciais e gestuais. É o corpo que acolhe ou rejeita, e o que oferecemos ao outro é o corpo, pois a materialidade, a expressão da comunicação, passa por ele, e assim é percebida ainda que não verbalizada. Jesus, no seu tempo, tocava as pessoas:[6] o doente, o paralítico, a mulher, ainda que, pela lei, o gesto considerava a pessoa impura.

Servindo-se da imagem do ventre materno, o Papa Francisco (2015) lembra que:

> Mesmo depois de termos chegado ao mundo, em certo sentido permanecemos num "ventre", que é a família. Um ventre feito de pessoas diferentes, inter-relacionando-se: a família é "o espaço onde se aprende a conviver na diferença" (Exortação Apostólica *Evangelii Gaudium*, 66). Diferenças de gêneros e de gerações, que comunicam acolhendo-se mutuamente, porque existe um vínculo entre elas [...] O vínculo está na base da palavra, e esta, por sua vez, revigora o vínculo. Nós não inventamos as palavras: podemos usá-las, porque as recebemos. É em família que se aprende a falar na "língua materna", ou seja, a língua dos nossos antepassados (cf. 2Mac 7,21.27).

O papa recorda que a experiência do vínculo que nos "precede" faz com que a família seja também o contexto onde se transmite uma forma fundamental de comunicação, que é a oração, sendo que: "a maioria de nós aprendeu, em família, a dimensão religiosa da comunicação, que, no Cristianismo, é toda impregnada de amor, o amor de Deus que se dá a nós e que nós oferecemos aos outros" (2015). Para Francisco, não existe a família perfeita, por isso, não é preciso ter medo da imperfeição, da fragilidade, nem mesmo dos conflitos, o que é preciso é aprender a enfrentá-los de forma construtiva. E conclui dizendo que a família se torna uma escola de perdão, quando as pessoas se amam, apesar das

---

[6] Ibid., p. 23-34.

próprias limitações e pecados. "Uma criança que aprende, em família, a ouvir os outros, a falar de modo respeitoso, expressando o seu ponto de vista sem negar o dos outros, será um construtor de diálogo e reconciliação na sociedade" (2015).

Outra imagem utilizada pelo Papa Francisco é a ideia de que os muros dividem e a comunicação tem o poder de criar pontes, tendo em vista favorecer o encontro e a inclusão, enriquecendo, assim, a sociedade. As palavras podem construir pontes entre as pessoas, as famílias, os grupos sociais, os povos. A palavra do cristão visa fazer crescer a comunhão e, mesmo quando deve, com firmeza, condenar o mal, procura não romper jamais o relacionamento e a comunicação (2016).

Na mensagem "comunicar esperança e confiança no nosso tempo" (2017), o papa se serve da imagem dos óculos, para orientar o olhar no modo de ver a realidade. "Tudo depende do olhar com que a enxergamos, dos 'óculos' que decidimos colocar para a ver: mudando as lentes, também a realidade aparece diversa". Então, qual poderia ser o ponto de partida bom para ler a realidade com os "óculos" certos, pergunta o papa. E ele mesmo diz que para nós, cristãos, os óculos adequados para decifrar a realidade só podem ser os da Boa Notícia: partir da Boa Notícia por excelência, ou seja, do "Evangelho de Jesus Cristo, Filho de Deus" (Mc 1,1). É com estas palavras que o evangelista Marcos começa a sua narração: com o anúncio da "Boa Notícia", que tem a ver com Jesus. Entretanto, mais do que uma informação sobre Jesus, a Boa Notícia é o próprio Jesus. Ao ler as páginas do Evangelho, descobre-se que o título da obra corresponde ao seu conteúdo e, principalmente, que este conteúdo é a própria pessoa de Jesus.

Para introduzir os seus discípulos e as multidões nessa mentalidade evangélica e entregar-lhes os "óculos" adequados para se aproximar da lógica do amor que morre e ressuscita, Jesus recorria às parábolas, nas quais muitas vezes se compara o Reino de Deus com a semente, cuja força vital irrompe precisamente quando morre na terra (cf. Mc 4,1-34). O recurso a imagens e metáforas para comunicar a força humilde do Reino não é um modo de reduzir a sua importância e urgência, mas a forma misericordiosa que deixa, ao ouvinte, o "espaço" de liberdade para acolher e aplicar isso também a si mesmo. Na verdade, é precisamente assim que amadurece e se entranha a esperança do Reino de Deus, ou seja, "como um homem que lançou a semente à terra. Quer esteja a dormir, quer se levante, de noite e de dia, a semente germina e cresce" (Mc 4,26-27) (2017).

Na mensagem de 2018: "*Fake news* e jornalismo de paz", Francisco se serve de uma imagem narrada no livro do Gênesis (cf. 3,1-15), o primeiro da Bíblia, que narra o episódio de Adão e Eva e a tentação da serpente. Para o papa "é preciso desmascarar uma lógica, que se poderia definir como a 'lógica da serpente', capaz de se camuflar e morder em qualquer lugar". Essa estratégia utilizada pela serpente, "o mais astuto de todos os animais", se tornou artífice da primeira *fake news* nos primórdios da humanidade, que levou às trágicas consequências do pecado, concretizadas depois no primeiro fratricídio entre Caim e Abel (cf. Gn 4), que se refere ao mal contra Deus, o próximo, a sociedade e a criação por obra do "pai da mentira". O antídoto mais radical ao vírus da falsidade é deixar-se purificar pela verdade:

> A verdade é aquilo sobre o qual nos podemos apoiar para não cair. Neste sentido relacional, o único verdadeiramente fiável e digno de confiança sobre o qual se pode contar, ou seja, o único "verdadeiro" é o Deus vivo. Eis a afirmação de Jesus: "Eu sou a verdade" (Jo 14,6). Sendo assim, o homem descobre sempre mais a verdade, quando a experimenta em si mesmo como fidelidade e fiabilidade de quem o ama. Só isto liberta o homem: "A verdade vos tornará livres" (Jo 8,32) (2018).

O Papa Francisco volta a colocar o ser humano como sujeito do processo comunicacional, quando diz que "o melhor antídoto contra as falsidades não são as estratégias, mas as pessoas". E qualifica estas pessoas: livres da ambição, estão prontas a ouvir e, através da fadiga de um diálogo sincero, deixam emergir a verdade". Pessoas que, atraídas pelo bem, se mostram responsáveis no uso da linguagem. No mundo atual, o jornalista não desempenha apenas uma profissão, mas uma verdadeira missão, pois informar é formar, é lidar com a vida das pessoas. Daí a necessidade da precisão das fontes e o cuidado da comunicação, verdadeiros processos de desenvolvimento do bem, que geram confiança e abrem caminhos de comunhão e de paz (2018).

Dentre as metáforas de que o Papa Francisco se serve para comunicar-se e chamar a atenção para a comunicação da Igreja, é a do corpo, que tem muitos membros, a que leva a refletir sobre a "nossa identidade, que se funda sobre a comunhão e a alteridade", aspecto fundamental para o reconhecimento do outro, de sua identidade e diferenças. A imagem do corpo coloca-se no sentido inclusivo próprio do Cristianismo: "porque o olhar de inclusão, que aprendemos de Cristo, faz-nos descobrir a alteridade de modo novo, ou seja, como parte integrante e condição da relação e da proximidade" (2019).

Educar para a comunicação

Nas mensagens e documentos da Igreja sobre comunicação, é clara a consciência da necessidade de que as pessoas compreendam esse universo e saibam como lidar com ele. É explícita também a necessidade da educação para a comunicação, sobretudo na recepção das mensagens da mídia. Entretanto, pode-se observar que o Papa Francisco não estabelece separação entre a comunicação presencial e midiática. Ele privilegia as relações interpessoais e dá o mesmo valor à comunicação realizada pela mídia, sobretudo, neste tempo, pelas redes digitais.

Em sua mensagem para 2015: "Comunicar a família: ambiente privilegiado do encontro na gratuidade do amor", pode-se dizer que ele fala para a família e sua missão na formar para a comunicação, entendida como relacionamento que começa no berço. A família é chamada a ser a primeira escola de humanização e, trazendo a imagem de Maria e Isabel, diz que esse episódio mostra-nos a comunicação como um diálogo que tece com a linguagem do corpo. De fato, a primeira resposta à saudação de Maria é dada pelo menino, que salta de alegria no ventre de Isabel. "Exultar pela alegria do encontro é, em certo sentido, o arquétipo e o símbolo de qualquer outra comunicação, que aprendemos ainda antes de chegar ao mundo", diz Francisco. E completa:

> O ventre que nos abriga é a primeira "escola" de comunicação, feita de escuta e contato corporal, onde começamos a familiarizar-nos com o mundo exterior num ambiente protegido e ao som tranquilizador do pulsar do coração da mãe. Este encontro entre dois seres simultaneamente tão íntimos e ainda tão alheios um ao outro, um encontro cheio de promessas, é a nossa primeira experiência de comunicação. E é uma experiência que nos irmana a todos, pois cada um de nós nasceu de uma mãe (2015).

Outro aspecto importante na educação para a comunicação é que a família é a primeira escola de transmissão da fé pelo vínculo do afeto e da vivência. Aqui voltam as lembranças de como aprendemos de nossos pais ao fazer juntos, rezar juntos, ouvir o que dizem e, sobretudo, como fazem. Hoje, constata-se que muitas famílias já não são catequistas, não conseguem acompanhar seus filhos no dia a dia, e, talvez, não se preocupem com a transmissão da fé, lembrando que o pais despertam o Deus presente no coração dos filhos. Nesse sentido o Papa Francisco é claro:

> A experiência do vínculo que nos "precede" faz com que a família seja também o contexto onde se transmite aquela forma fundamental de comunicação que

é a oração. Muitas vezes, ao adormecerem os filhos recém-nascidos, a mãe e o pai entregam-nos a Deus, para que vele por eles; e, quando se tornam um pouco maiores, põem-se a recitar juntamente com eles orações simples, recordando carinhosamente outras pessoas: os avós, outros parentes, os doentes e atribulados, todos aqueles que mais precisam da ajuda de Deus. Assim a maioria de nós aprendeu, em família, a dimensão religiosa da comunicação, que, no Cristianismo, é toda impregnada de amor, o amor de Deus que se dá a nós e que nós oferecemos aos outros (2015).

Para o papa, a família também pode ser uma escola de comunicação feita de bênção, sobretudo num mundo onde frequentemente se amaldiçoa, insulta, semeia discórdia, polui com as murmurações o nosso ambiente humano. Isso nos lugares onde parecem prevalecer como inevitáveis o ódio e a violência, quando as famílias estão separadas entre si por muros de pedras ou pelos muros mais impenetráveis do preconceito e do ressentimento, quando parece haver boas razões para dizer "agora basta". O papa convida, sobretudo nesses momentos, a abençoar em vez de amaldiçoar, visitar em vez de repelir, acolher em vez de combater, sendo esta a única forma de quebrar a espiral do mal, para testemunhar que o bem é sempre possível, para educar os filhos na fraternidade.

A família é o espaço do aconchego, de viver as relações primárias do jeito que somos e sentimos, "é, sobretudo, a capacidade de se abraçar, apoiar, acompanhar, decifrar olhares e silêncios, rir e chorar juntos, entre pessoas que não se escolheram e, todavia, são tão importantes uma para a outra". Voltando a pensar a comunicação como relacionamento, o papa diz que o relacionamento familiar "nos faz compreender o que é verdadeiramente a comunicação enquanto descoberta e construção de proximidade". De fato, o relacionamento com o outro é uma descoberta constante e é preciso construir proximidade, pois, tantas vezes, a tentação do isolamento, de romper ou, simplesmente, ficar na indiferença, parece mais cômodo para economizar energias! A mensagem reafirma:

> Reduzir as distâncias, saindo mutuamente ao encontro e acolhendo-se, é motivo de gratidão e alegria: da saudação de Maria e do saltar de alegria do menino deriva a bênção de Isabel, seguindo o seu belíssimo cântico do *Magnificat*, no qual Maria louva o amoroso desígnio que Deus tem sobre ela e o seu povo (2015).

A família também é escola de perdão. Errar, muitas vezes, ofender o outro, o pai, o marido, a esposa, o filho, acontece para pessoas normais. O papa diz: "Não existe a família perfeita, mas não é preciso ter medo da imperfeição, da fragilidade, nem mesmo dos conflitos; preciso é aprender a enfrentá-los de forma construtiva". Mas a família onde as pessoas se amam torna-se uma escola de perdão.

O perdão é uma dinâmica de comunicação: uma comunicação que definha e se quebra, mas, por meio do arrependimento expresso e acolhido, é possível reatá-la e fazê-la crescer. Uma criança que aprende, em família, a ouvir os outros, a falar de modo respeitoso, expressando o seu ponto de vista sem negar o dos outros, será um construtor de diálogo e reconciliação na sociedade (2015).

Ao abordar o tema "das comunidades de redes sociais à comunidade humana" (2019), o Papa Francisco usa as metáforas da *rede* e da *comunidade*. É interessante notar que ele parte da comunidade das redes sociais, um ambiente habitado não só por jovens, mas pelos adultos, de modo muito intenso, onde se formam comunidades, grupos de interesse ou de afinidade. O papa chama a atenção para o ambiente "invasivo" das redes que permeia a vida cotidiana, uma fonte de informação outrora não imaginada que contribui para o crescimento. É também fonte de desinformação e distorção dos fatos que atingem as relações interpessoais e podem desacreditar pessoas. Daí a proposta dessa mensagem de educar-se para a comunicação com o objetivo de "refletir sobre o fundamento e a importância do nosso ser-em-relação e descobrir, nos vastos desafios do atual panorama comunicativo, o desejo que o homem tem de não ficar encerrado na própria solidão". A rede aqui trabalhada é uma oportunidade de encontro, mas pode ser também favorecer o autoisolamento, como a teia de aranha capaz de capturar.

Educar para a comunicação diante da mídia

Referindo-se à educação para a comunicação pela mídia, um dos pontos recomendados nas mensagens é que os pais acompanhem os filhos, crianças e jovens, neste momento de mudanças pela cultura digital. Acompanhar significa dialogar sobre o que eles veem, fazem, acessam, e orientar para a escolha das programações. Empreitada difícil, uma vez que, com a mobilidade, cada um vê o que quer no momento que mais lhe convém. Daí a importância de orientar para leituras, músicas, filmes, redes sociais, que tenham propostas positivas, de acordo com os valores que professamos. O Diretório de comunicação da Igreja no Brasil diz que: "Cabe aos pais e responsáveis, por meio do diálogo, educar as crianças a discernir e escolher, por si próprias, dentre as diversas produções em comunicação, as que se mostram mais adequadas".[7]

Aprender a narrar, a contar histórias que sejam construtivas e correspondam com os valores de bem e de bondade que queremos transmitir. Quando os pais contam histórias para as crianças, dando o livro na mão para que sintam a textura, vejam os desenhos, elas tomam gosto pela leitura e vão desenvolvendo sua imaginação e capacidades cognitivas. Contar histórias diz respeito também às notícias que são veiculadas pela mídia, os comentários que podemos fazer a respeito dos acontecimentos, para ir formando uma visão de mundo sem se ater à interpretação que determinado veículo de comunicação ou comunicador usou. Essa postura vai ajudando a sermos críticos diante do que vemos e recebemos e, ao mesmo tempo, a tomarmos decisões e sermos sujeitos do processo de comunicação. "Não se deixar comandar pelos modismos, mas seguir o Evangelho", diz o papa. É importante observar também que modelo de família os meios de comunicação apresentam.

Às vezes, os meios de comunicação social tendem a apresentar a família como se fosse um modelo abstrato para aceitar ou rejeitar, defender ou atacar, em vez de uma realidade concreta de se viver; ou como se fosse uma ideologia de alguém contra outro, em vez de ser o lugar onde todos aprendemos o que significa comunicar no amor recebido e dado. Ao contrário, narrar significa compreender que as nossas vidas estão entrelaçadas numa trama unitária, que as vozes são múltiplas e cada uma é insubstituível (2015).

Uma temática recente são as notícias falsas, tratadas na mensagem do Papa Francisco, em 2018, já mencionadas neste capítulo. O papa diz que nenhum de nós pode se eximir da responsabilidade de contrastar essas falsidades, o que não é fácil, "porque a desinformação se baseia muitas vezes sobre discursos deliberadamente evasivos e sutilmente enganadores, valendo-se por vezes de mecanismos refinados". E a mensagem prossegue dizendo que são louváveis as iniciativas educativas que permitem aprender como ler e avaliar o contexto comunicativo, ensinando a não compartilhar a desinformação, sem verificar as fontes e outros aspectos, enfim, a sermos atores e não meros reprodutores.

As notícias falsas são capciosas e bastante disfarçadas, procuram envolver as pessoas emocionalmente e sempre têm algo de exagerado, de urgente, apoiam-se em preconceitos generalizados que já estão na

---

[7] CNBB. *Diretório de comunicação da Igreja no Brasil*. São Paulo: Paulinas, 2014, n. 130.

mente das pessoas e nos costumes, exploram emoções imediatas e fáceis, suscitam ansiedade, desprezo, raiva e frustração. Elas nos atacam no emocional e sempre com caráter de urgência nos mais diversos assuntos: reputação das pessoas, saúde e até culinária, com os apelos: compartilhe! Vamos viralizar! Nos vídeos, quem fala gesticula exageradamente. Em geral são sensacionalistas, em sua raiz buscam audiência e monetarização dos cliques.

O diferencial das chamadas *fake news* é a rapidez com que se espalham pela internet, a capilaridade que alcançam e a visão mercadológica. Estudos verificaram que as notícias falsas se espalham mais depressa, chegam mais longe e atingem mais pessoas do que as notícias verdadeiras. E ainda mais em se tratando de temas políticos. Um dos agravantes é a manipulação digital, que dificulta o reconhecimento da realidade, ou seja, a veracidade e a comprovação dos fatos. Sabemos que há agências especializadas para criar notícias falsas, daí a necessidade de verificar a credibilidade das fontes, que podem ser agrupadas em três conjuntos: falta ou omissão de informações (as conexões falsas, conteúdos maliciosos e tendenciosos); a desinformação (conteúdo falso, distorcido, manipulado ou fabricado); e a informação danosa (vazamentos, discursos de ódio e difamações).

O Papa Francisco insiste que também as redes sociais podem ser formas de comunicação plenamente humanas. Daí a importância de sermos propositivos no que publicamos e postamos ou repercutimos nas redes.

Não é a tecnologia que determina se a comunicação é autêntica ou não, mas o coração do homem e a sua capacidade de fazer bom uso dos meios a seu dispor. As redes sociais são capazes de favorecer as relações e promover o bem da sociedade, mas podem também levar a uma maior polarização e divisão entre as pessoas e os grupos. O ambiente digital é uma praça, um lugar de encontro, onde é possível acariciar ou ferir, realizar uma discussão proveitosa ou um linchamento moral (2016).

Entre os cuidados com notícias falsas em qualquer formato (texto, imagem, vídeo, áudio), recomenda-se não compartilhar notícias sem ler, checar data, fontes, qualidade, sem ouvir o outro lado da notícia. Esperar desdobramentos. Normalmente, elas não são assinadas, por isso, é importante observar o domínio, a procedência, o contato, o expediente. Em geral, falam de coisas exorbitantes ou crimes contra a nação. Há também sites que podem ser consultados para verificar a veracidade. A vigilância faz parte da educação para a comunicação.

Os horizontes do Espírito

Em sua mensagem: "Comunicar esperança e confiança para o nosso tempo" (2017), o Papa Francisco retoma o sentido do Dia Mundial das Comunicações Sociais, celebrado na Solenidade da Ascensão do Senhor, dia em que Jesus subiu ao céu e deixou a missão aos discípulos, mas não os abandonou, pelo contrário, seus horizontes se alargaram na força do Espírito Santo. É ele que nos ajuda a ser uma Igreja "em saída", "uma Igreja de portas abertas. Sair em direção aos outros para chegar às periferias humanas não significa correr pelo mundo sem sentido e direção [...] olhar nos olhos e escutar" (EG, n. 46). Alguns trechos dessa mensagem podem animar a esperança e confiança para este tempo à escuta do Espírito, para sermos uma Igreja "em saída" no campo da comunicação.

> A esperança fundada na Boa Notícia que é Jesus faz-nos erguer os olhos e impele--nos a contemplá-lo no quadro litúrgico da Festa da Ascensão. Aparentemente o Senhor afasta-se de nós, quando na realidade são os horizontes da esperança que se alargam. Pois em Cristo, que eleva a nossa humanidade até o céu, cada homem e cada mulher consegue ter "plena liberdade para a entrada no santuário por meio do sangue de Jesus. Ele abriu para nós um caminho novo e vivo através do véu, isto é, da sua humanidade" (Hb 10,19-20). Através "da força do Espírito Santo", podemos ser "testemunhas" e comunicadores duma humanidade nova, redimida, "até aos confins da terra" (cf. At 1,7-8) (2017).

A confiança na semente do Reino de Deus e na lógica da Páscoa deve moldar o nosso modo de comunicar, pois esta confiança nos torna capazes de atuar nas mais variadas formas da comunicação, hoje, com a certeza de que é possível enxergar e iluminar a Boa Notícia presente na realidade de cada história e no rosto de cada pessoa.

Quem se deixa guiar pelo Espírito Santo, com fé, torna-se capaz de discernir em cada evento o que acontece entre Deus e a humanidade, reconhecendo como ele mesmo, no cenário dramático deste mundo, esteja compondo a trama de uma história de salvação. O fio, com que se tece essa história sagrada, é a esperança, e o seu tecelão só pode ser o Espírito Consolador.

A esperança é a mais humilde das virtudes, porque permanece escondida nas pregas da vida, mas é semelhante ao fermento que faz levedar toda a massa. Alimentamo-la lendo sem cessar a Boa Notícia, aquele Evangelho que foi "reimpresso" em tantas edições nas vidas dos santos, homens e mulheres que se tornaram ícones do amor de Deus. Também hoje é o Espírito que semeia em nós o desejo do Reino, através de muitos canais vivos, através das pessoas que se deixam conduzir pela Boa Notícia no meio do drama da história, tornando-se como que faróis na escuridão deste mundo, que iluminam a rota e abrem novas sendas de confiança e esperança.

Essa Boa Notícia, que é o próprio Jesus, não se diz boa porque nela não se encontra sofrimento, mas porque o próprio sofrimento é vivido num quadro mais amplo, como parte integrante do seu amor ao Pai e à humanidade. Em Cristo, Deus fez-se solidário com toda a situação humana, revelando-nos que não estamos sozinhos, porque temos um Pai que nunca pode esquecer os seus filhos. "Não tenhas medo, que eu estou contigo" (Is 43,5): é a palavra consoladora de um Deus desde sempre envolvido na história do seu povo" (Francisco, 2017).

Mensagens para o Dia Mundial das Comunicações Sociais
(Papa Francisco – 2014-aos dias atuais)

2014 – Comunicação a serviço de uma autêntica cultura do encontro

2015 – Comunicar a família: ambiente privilegiado do encontro na gratuidade do amor

2016 – Comunicação e misericórdia: um encontro fecundo

2017 – "Não tenhas medo, que eu estou contigo" (Is 43,5). Comunicar esperança e confiança, no nosso tempo

2018 – "A verdade vos tornará livres" (Jo 8,32). *Fake news* e jornalismo de paz

2019 – "Somos membros uns dos outros" (Ef 4,25). Das comunidades de redes sociais à comunidade humana

A Igreja está a caminho "em saída"

O estudo realizado, refletindo sobre as mensagens dos papas com respeito à comunicação, no período de cinquenta e três anos, mostra-nos que a Igreja está a caminho, na sua vocação de evangelização: "A Igreja existe para evangelizar" (EN, n. 14). As orientações dos pontífices apontam que, nesse caminho, a Igreja procura, antes de tudo, evangelizar a si mesma, viver o processo de conversão "para evangelizar o mundo com credibilidade" (EM, n. 15), sem a autorreferencialidade.

Em diferentes contextos, a Igreja busca compreender o cenário existente para poder dirigir uma palavra de sabedoria, orientação e esperança, antes de tudo, para seus filhos, orientando a família na formação das crianças e jovens diante das comunicações, a presença dos jovens nas redes, a necessidade de interagir e cultivar o respeito, a amizade e a autenticidade de vida no ambiente digital. Orientações sobre o perdão e a reconciliação, o anúncio de Jesus Cristo como Caminho, Verdade e Vida, fazem parte da orientação de vida, por assim dizer, no interno da Igreja. Igualmente, a compreensão de que a comunicação não se reduz a mídias e tecnologias, mas é uma autêntica cultura do encontro de pessoas, seja de forma presencial ou pela mediação das tecnologias.

Mas as mensagens também se dirigem ao mundo eclético, muitas vezes com falta de liberdade de expressão, falta de paz e de justiça. O convite à comunicação que gera solidariedade, fraternidade e liberdade, bem como redes de cooperação entre as culturas e os povos, é fundamental para que o mundo tenha paz e a vida seja respeitada como um valor da dignidade humana, no cultivo dos valores espirituais que dão sentido à vida, independente da religião que o ser humano professa.

As mensagens, na sua abordagem anual, revelam o pensamento do Magistério da Igreja na continuidade dos pontífices, e constituem o fio condutor do pensar, da reflexão, da orientação para vivência e enfoques pastorais para toda a Igreja. Os pontos e conteúdos oferecidos pelos papas demonstram a abertura da Igreja em aproximar-se da realidade contemporânea, especialmente no que tange à comunicação. Nutrir-se dos princípios elucidados nas reflexões das mensagens torna-se um dever imperioso para os cristãos, especialmente no complexo e maravilhoso mundo hodierno da comunicação.

Mensagens para o Dia Mundial das Comunicações (1967 a 2019)
1. 1967 – Os meios de comunicação social
2. 1968 – A imprensa, o rádio, a televisão e o cinema para o progresso dos povos
3. 1969 – Comunicações sociais e família
4. 1970 – As comunicações sociais e a juventude
5. 1971 – Os meios de comunicação social a serviço da unidade dos homens
6. 1972 – As comunicações sociais a serviço da vida
7. 1973 – As comunicações sociais e a afirmação e promoção dos valores espirituais
8. 1974 – As comunicações sociais e a evangelização no mundo contemporâneo
9. 1975 – Comunicação social e reconciliação
10. 1976 – As comunicações sociais diante dos direitos e deveres fundamentais do homem
11. 1977 – A publicidade nas comunicações sociais: vantagens, perigos, responsabilidades
12. 1978 – O receptor da comunicação social: expectativas, direitos e deveres
13. 1979 – Comunicações sociais e desenvolvimento da criança
14. 1980 – Comportamento ativo das famílias perante os meios de comunicação social
15. 1981 – As comunicações sociais a serviço da liberdade responsável do homem
16. 1982 – As comunicações sociais e os problemas dos idosos
17. 1983 – Comunicações sociais e promoção da paz
18. 1984 – As comunicações sociais, instrumento de encontro entre fé e cultura

19. 1985 – As comunicações sociais e a promoção cristã da juventude
20. 1986 – Comunicações sociais e formação cristã da opinião pública
21. 1987 – Comunicações sociais e promoção da justiça e da paz
22. 1988 – Comunicações sociais e promoção da solidariedade e fraternidade entre os homens e os povos
23. 1989 – A religião nos *mass media*
24. 1990 – A mensagem cristã na cultura informática atual
25. 1991 – Os meios de comunicação para a unidade e o progresso da família humana
26. 1992 – A proclamação da mensagem de Cristo nos meios de comunicação
27. 1993 – Videocassete e audiocassete na formação da cultura e da consciência
28. 1994 – Televisão e família: critérios para saber ver
29. 1995 – Cinema, veículo de cultura e proposta de valores
30. 1996 – Os *mass media*: areópago moderno para a promoção da mulher na sociedade?
31. 1997 – Comunicar o Evangelho de Cristo: Caminho, Verdade e Vida
32. 1998 – Sustentados pelo Espírito, comunicar a esperança
33. 1999 – *Mass media:* presença amiga ao lado de quem procura o Pai
34. 2000 – Proclamar Cristo nos meios de comunicação social no alvorecer do Novo Milênio
35. 2001 – Anunciai-o do cimo dos telhados: o Evangelho na era da comunicação global
36. 2002 – Internet: um novo foro para a proclamação do Evangelho
37. 2003 – Os meios de comunicação social a serviço da paz autêntica, à luz *Da Pacem in Terris*
38. 2004 – Os *mass media* na família: um risco e uma riqueza
39. 2005 – Os meios de comunicação: ao serviço da compreensão entre os povos
40. 2006 – A mídia: rede de comunicação, comunhão e cooperação
41. 2007 – As crianças e os meios de comunicação social: um desafio para a educação

42. 2008 –   Os meios de comunicação social: na encruzilhada entre protagonismo e serviço. Buscar a verdade para partilhá-la
43. 2009 –   Novas tecnologias, novas relações. Promover uma cultura de respeito, de diálogo, de amizade
44. 2010 –   O sacerdote e a pastoral no mundo digital: os novos *media* ao serviço da Palavra
45. 2011 –   Verdade, anúncio e autenticidade de vida, na era digital
46. 2012 –   Silêncio e Palavra: caminho de evangelização
47. 2013 –   Redes sociais: portais de verdade e de fé; novos espaços de evangelização
48. 2014 –   Comunicação a serviço de uma autêntica cultura do encontro
49. 2015 –   Comunicar a família: ambiente privilegiado do encontro na gratuidade do amor
50. 2016 –   Comunicação e misericórdia: um encontro fecundo
51. 2017 –   "Não tenhas medo, que eu estou contigo" (Is 43,5). Comunicar esperança e confiança, no nosso tempo
52. 2018 –   "A verdade vos tornará livres" (Jo 8,32). *Fake news* e jornalismo de paz
53. 2019 –   "Somos membros uns dos outros" (Ef 4,25). Das comunidades às comunidades

Impresso na gráfica da
Pia Sociedade Filhas de São Paulo
Via Raposo Tavares, km 19,145
05577-300 - São Paulo, SP - Brasil - 2019